「いい親」をやめるとラクになる

子どもの自己肯定感を高めるヒント

古荘純一

青春新書
INTELLIGENCE

はじめに――親から変わる「こころの子育て」

私は小児科医で精神神経分野を専門としています。30年以上にわたり、神経の発達やこころの不調を抱える子どもの診察に当たってきました。親のかかわり方で、子どものこころの状態が大きく変化することも経験してきました。

しかしここ数年、お子さんよりもむしろ親御さんのこころの状態のほうが気になることが増えてきました。

診察の過程では、子どもだけでなく親に話を聞くことがあります。子どもについての話が一段落したところで、「ところで、お母さん（お父さん）のほうで何か悩まれていることはありますか」と尋ねるのですが、次のような悩みを打ち明けられることが多いのです。

「子育てに自信がありません。いろいろと育児本を読んでいるのに、ぜんぜんうまくいかなくて、もう、どうしたらいいかわかりません」

「子どもがかわいいと思えないんです。それどころか、悪いところばかりが目についてしまって……いつも叱ってばかりです」

常にこのような悩みを抱えている状態を「育児困難」といいますが、子育て中の親御さんなら、瞬間的に同じような思いが頭をよぎったことがあるかもしれません。

実は、このような育児困難には、「自己肯定感」が深くかかわっています。最近になって、自己肯定感をテーマにした本がたくさん出版されるようになりました。自己肯定感をわかりやすく説明すると、自分に対して肯定的な感情を持つこと、ありのままの自分を認めること、といえるでしょう。

親の自己肯定感が低い状態だと、子育てに自信が持てなかったり、不安やストレスを抱えながら育児をするようになってしまいます。

さらに、そのような親のもとで育った子どももまた、自己肯定感が低くなってしまう可能性があります。

なぜなら、「子どものこころは親のこころを映す鏡」だからです。

逆にいえば、子どもに問題がある場合でも、親のほうが変わることで、子どもによい変化をもたらすことができます。そこでこの本では、親と子の自己肯定感を高めることで、子育てをラクにするヒントをまとめました。

子どもを変えるには、まず親から変わることです。

ただし、それは「いい親」を目指すということではありません。実は「いい親」かどうかを決めているのはほかでもない親自身です。「自分はいい親でなければいけない」という考えに縛られて、親自身だけでなく子どもにもつらい思いをさせていませんか？

まずは今の自分を認めてあげることがスタートです。ちょっと肩の力を抜いて、「いい親」をやめることからはじめてみましょう。

「いい親」をやめるとラクになる　目次

第3章 親だけが、子どもの自己肯定感を上げられる

―親が変われば、子どもは自然に変わりだす―

付章

子どものこころを守るために、親ができること

―子どものうつを防ぐアプローチ―

本文イラスト　富永三紗子
本文デザイン　センターメディア

第1章

子育てがつらい

―「育児困難」を抱える親たち―

●母親の4人に1人が「育児に自信がない」

子どもはかわいい。現在子育て中の人もほとんどがそう感じていることでしょう。そうであれば、育児も当然楽しい……。世間ではそう思われているかもしれません。

ところが、子育てがつらいと訴える親は少なからず存在します。育児に自信が持てず困難を感じる母親の割合は、4人に1人程度であるという報告もあります。

私は、子どものこころの診療を行っております。本来はお子さんのこころの診療を行うのですが、外来ではお子さんだけでなく、その母親や父親とも接してきました。その中でも、お子さん自身にはさしたる問題がないのに、親御さんのほうが心配なケースが増えてきました。

「子どもがかわいいと思えない」「ついついつらく当たってしまう」などと訴える人もいます。むしろお子さんの問題よりも、親の育児の相談・支援のほうが重要と思えることもあります。さらに、親御さんの心配な様子を感じ取った子ども自身が、情緒不安定になっている状況もあります。

子育てがつらいと思うような親の状況を「育児困難」と表現することがあります。育児困難があると、それは親だけの問題ではなく、子どもの成長、発達、人格形成などに多くの好ましくない影響が出てきます。そのため、母子保健の分野では、「子育て支援」という取り組みが行われてきました。

育児困難とは、育児に困難さ（強い負担感）を抱える状態のことですが、具体的な定義は曖昧《あいまい》です。曖昧な状況で家族の問題に介入するのはいかがなものか、と考える人がいるかもしれません。

しかし、育児に困難さを抱えると、「母親の日常の育児に伴うストレスが続く」「適切な支援がなければ育児が行えず、虐待やネグレクトなどの行為が発生するか、発生しかねない」状況であることがわかっています。すなわち、育児困難は親のストレスだけでなく、虐待の危険因子となるのです。

虐待という言葉を聞くと、自分たちとは無関係な特殊な状況であり、「親の犯罪」と思われる方も多いでしょう。しかしながら、ほとんどのケースは「育児に自信がない」と感じながら一生懸命に子どもと接してきた人たちです。必要な時期に適切な支援が受けられずに、まるで階段から転げ落ちるように虐待に進展することもあるのです。

昨年、２０１７年の虐待の相談対応件数が13万３０００件に達したという報道がありました。厚生労働省が調査を開始して以来、1年も減少することなく増え続けています。

この結果を見て、短絡的に「育児困難が増えている」ということはできないかもしれません。しかし、育児困難に陥った親への子育て支援を行わなければ、とうてい虐待を防ぐことはできないのです。誰もが感じる「子育ての大変さ」。これをうまく乗り越える方策。日本社会における、喫緊《きっきん》の課題ではないでしょうか。

●育児困難が増えている背景

育児について悩むことがあれば、以前は、親や親類や身近な相談相手に尋ねたり、時には育児を手伝ってもらうこともできていましたが、核家族化が進んだ現在では相談相手を探すことは容易ではありません。

相談相手が見つからない、あるいは相談しにくいため、さまざまな子育て本を読み込んだり、ネットでいろいろなことを調べてしまう人も多いようです。育児に自信がなくてマニュアル通りになってしまう、あるいはマニュアル通りにいかないと不安になる、などと少なからず実感している人もいるのではないでしょうか。

子どもの様子が気になる、何らかの病気ではないかと心配であれば、その様子を動画で

図表1　児童相談所での児童虐待相談対応件数の推移

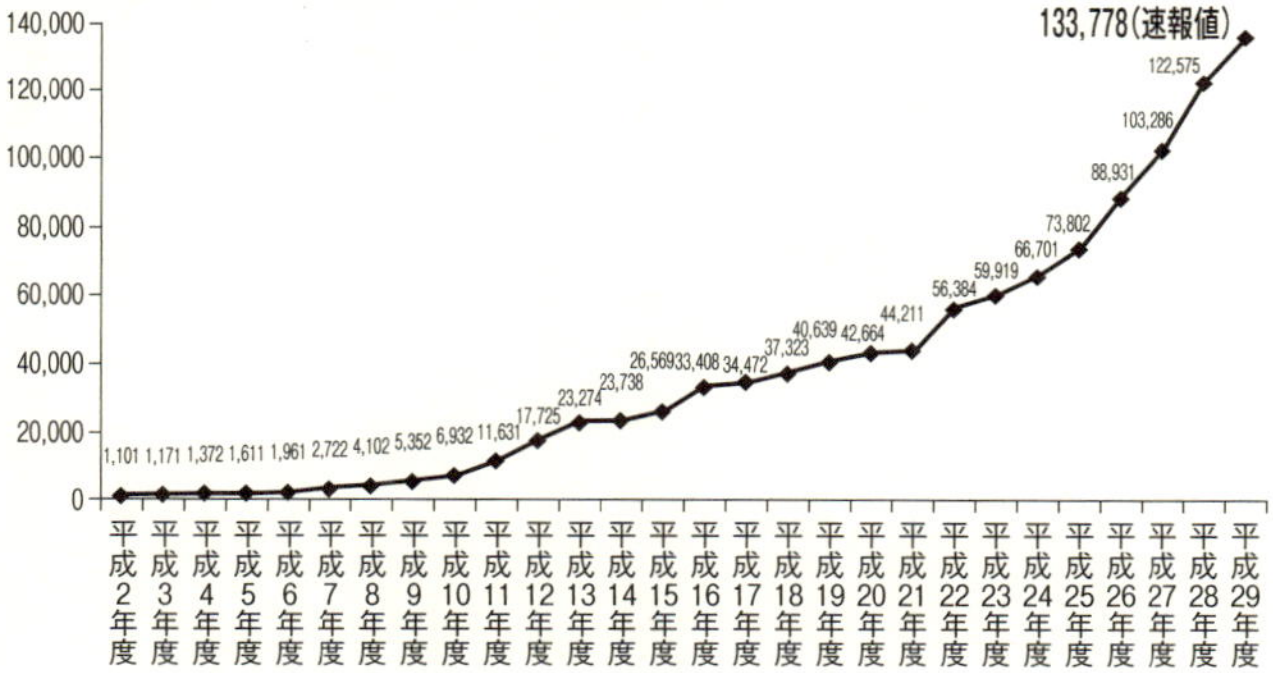

撮影して相談することを勧めている保育関係者もいます。しかし、マニュアル通りに受け止め、子どもが激しく泣いている動画を延々と撮影しているものの、その前に子どもをなだめたり、おむつを替えるなど、原因を確かめていない親御さんもいます。

また、保健所や医療機関の育児相談で診ていても、育児書通りに発育していないと、その要因や対応を考えることができず、ただただ不安である、と相談を受けることがあります。

たとえば、育児本には2歳ごろには「2語文をしゃべる」（ご飯を食べた、パパはいない、など）と書いてありますが、「うちの子は話すことができない」と心配されることもあります。様子を聞いてみると、そのお子さんは家族以外とはほとんど交流がないこと、家の中ではテレビやＤＶＤを見て過ごすことが多いこと、両親とも忙しく子どもにあまり話しかけていないことがわかり、そのことを指摘しても、「どうしたらいいでしょう?」とさらに質問されることもあります。

子どもの学校や家庭内の行動について細かくメモをして、対応の仕方を確認する親御さんも珍しくはありません。子ども自身を診察しても、何ら問題があるようには見えません。親がいろいろ質問しているのを「またか」と愛想をつかした様子で子どもが見ているのが印象的であったこともあります。

●妊娠中から不安を感じていたケース

こんなケースがありました。

Aさんは妊娠中から育児不安に陥りました。妊婦健診の場で「自分のお腹の中の子どもが本当にかわいいのか疑問に思う。これだけつらい思いをしているのに、子どもはわかってくれるだろうか」と相談すると、助産師や産婦人科の医師からは「これからお母さんになるのだから自覚を持って」などと励まされていたということです。出産後、産婦人科を退院になる前に小児科で育児相談を受けましたが、子どもを出産したあとも同じような発言があるため、私のところに紹介されました。

Ａさんは悲壮感や焦燥感、絶望感のある、いわゆる産後うつ状態とは異なり、漠然と「子どもがかわいいと思えない」「妊娠する前にこころの準備ができていなかった」といった不安を訴えていました。

次回はＡさんの夫にも同席してもらいました。心配なことがあったら夫に相談すること、地域の子育て支援センターに連絡して、子育て相談体制を構築すること、日記をつけて自分の思いや子どもの様子をノートに記入して、書いたあとに読み直すことで冷静に考えること、それでも不安であれば夫や子育てセンターのスタッフの前で話をするように助言しました。

Ａさんは悩みを相談することで、自身の育児困難のサポートを受けることができました。夫が単に、おむつを替える、食事の片づけを手伝うなどの物理的な支援だけでなく、Ａさんの外来や子育て支援センターにも同行し、精神面のサポートに協力的でしたので、Ａさんの不安も少しずつ改善していきました。

●育児困難には５タイプある

Ａさんのような育児困難が見られることは決して稀《まれ》ではありません。どうして母親が育児困難に陥りやすいのでしょうか。その前提をお話ししておきましょう。

まずは、育児はストレスがかかるものだということです。ストレスというと、「つらいこと」と思われるかもしれませんが、うれしいことも楽しいこともストレスの原因になります。そもそも「ストレス」とは、外部から刺激を受けたときに生じる緊張状態のことですので、出産や育児は強いストレスということになります。余談になりますが、進学、就職、結婚なども、外部からの刺激を受けることになりますので、ストレスの要因としては重要です。

もう1つは、女性が出産、育児をする時期と、精神疾患の症状が出現する時期が重なることです。

不安や抑うつは程度の差はあれ誰にでもあるものです。しかし日常生活に差し障りが出るようになると、「うつ病」「不安症」の可能性が出てきます。うつ病や不安症が出現しやすいのは、思春期から青年期にかけてです。強いストレスが引き金となることもあります。「産後うつ病」という言葉は、この2つの背景を端的に示しているということもできそうです。

しかし、どの人でもそうなるわけではありません。私はこれまで、のべ数万人の精神面

図表2　育児困難を来しやすい親のタイプ

タイプ1：トラウマタイプ
タイプ2：強迫・不安タイプ
タイプ3：発達障害タイプ
タイプ4：心身症タイプ
タイプ5：抑うつ（うつ病）タイプ

の問題を抱えた子（とその親）を診てきました。ほとんどが繰り返しの診察を要する親子ですので、実際は数千人程度かと思いますが、さまざまな育児困難の背景があること、育児困難に陥りやすい親の傾向に気づきました。親の精神状態をもとに、5つのタイプに分けて考えてみましょう。

タイプ1　トラウマタイプ

トラウマとは日本語で「心的外傷」と呼ばれています。お母さんが育児をはじめるまでにトラウマを抱えているタイプです。特に心配なのは「愛着障害」といわれる、安心を得られない環境で育った人です。つまり、家庭という本来なら安心して生活できる居場所が提供されず育った人です（愛着障害については第4章で詳しく説明します）。

育児困難を抱えた親に育てられた人が、自ら子育てに直面することになると、その人も育児困難になることが多いのです。

愛着障害の人は対人関係を築くことが難しいのが特徴です。パートナーとの関係が緊張することも珍しくありません。さらに子育てでは、自分が子どものときに感じた「つらい思い」を子どもにはさせたくない、しかしどう接すればいいのか、一生懸命接しているのに、自分には何もいいことがないという思いが募ることになります。

【トラウマタイプの事例】

B君は6歳の男の子です。幼稚園に在籍しているときに、母親が「人の話をきちんと聞かずに上の空の状態が多く、何をいっても忘れる」「園でトラブルばかり起こす」「数の概念がわからないようだ」などの様子から、「発達障害なのではないか?」と診察の予約を取りました。

B君は診察室では落ち着いておとなしく、幼稚園の様子や家庭のことを質問すると、きちんと答えることができて、とても発達障害があるようには思えませんでした。母親は、B君の言動をすべて「いうことを聞かない」「指示に従えない」「注意してもすぐに忘れる」など否定的にとらえていました。

B君は6歳の男の子として、特に問題があるわけではないと説明すると、「夫がまったく育児に協力をしてくれない」「幼稚園ではモンスターペアレンツが多く、B君にきちんと対応してくれない」「幼稚園の先生は若くて経験不足だ」などと、今度はB君の周囲の人の批判をはじめました。

3回目の外来で、母親の話が一段落したところで、「差し支えなければ、お母さんがお困りのことについてうかがいたいのですが？」と質問すると、一気に自分の生い立ちについて話しはじめました。

彼女の両親は仲が悪く、母親が幼いときに離婚。母親と一緒に生活をはじめたものの、母親の新しいパートナーから暴言を浴びせられたり、時には性的ないやがらせも受けたということです。実母からは守られるどころか、「叱られるのはおまえが悪い」といわれ続けてきたということです。

「B君には自分のようなつらい思いをさせたくないので、ついつい気になってしまい、自分が積極的に動かなければならないと思ってきました」と話しました。

これでおわかりいただけたかと思いますが、B君の母親が愛着障害というトラウマ体験を持ち続けています。子どものときに母親との信頼関係を築くことができませんでした。現在でも、対人関係を築くことが苦手で、子育てにも困難を抱えていたのです。

タイプ2　強迫・不安タイプ

お母さんが強迫的だったり不安が強いタイプです。強迫とは、考えすぎだとはわかっていても細かいことに執着してしまうことです。このタイプのお母さんは、世間では「神経質」という受け止められ方をしていることがしばしばあります。

子どもの細かい行動や、ほかの子どもとの些細な違いも気になります。度が過ぎると、日常生活にも影響が出てきます。強迫性障害（清潔にしないと気がすまない不潔恐怖、カギをかけたかなど何度も確認しないと気がすまない確認行為などがあります）、漠然とした不安が振り払えないといった不安障害など、精神疾患と判断されることもあります。

そこまでではないものの、このタイプのこのようなお母さんは、育児とは「こうあらねばならない」という思いが強く、子どもの食事や遊び、子ども自身の言動に多くの不安やこだわりを抱えて育児困難に陥りやすいといえます。先述のAさんも本来はこのタイプの人と考えています。

【強迫・不安タイプの事例】

Ｃさんは７歳の女の子です。両親は、Ｃさんがもともと神経質で友だちとなじめないことを心配して、２歳から地域の子育て支援センターに通わせていました。小学校に入学後に、こだわりがこれまで以上に強くなり目に余る、ということで外来を受診しました。

こだわりの具体な例としては「靴下の長さが左右違うと気になって何度もはき替える」「ノートの書き方にこだわり、少しでも字がずれると字をすべて消して書き直す」「トイレから出てくると何度も手を洗う。時には下着も着替える」などです。

Ｃさんの母親は、「今まで子育ての相談を受けてきたのに、よくなるどころか悪くなっている」「どうやってこの子と接したらいいのかわからないから教えてほしい」と訴えてきました。一方のＣさんは、診察室の中ではおとなしく座っていました。

母親に席を外してもらい、Ｃさんに話を聞きました。「手洗いを念入りに、服の着替えもきっちりと」などは、もともとは幼稚園のときに母親から厳しくしつけられたことで、自分でもそうしないといけないと思っていること、学校では手洗いや着替えはクラスのみんなと合わせて、家にいるときほど時間をかけないことなどを、自分から説明することができる、非常に知的で話ののみ込みが早い子どもでした。

再び母親に診察室に入ってもらうとCさんはおとなしくなりました。母親は些細なことも間違えないように神経を使っているためか、抑揚のない話し方です。しかし話を止めて母親に反論すると、強い口調になります。知的レベルが高そうな人で、自分自身の考えを簡単には変えない、強迫的な性格に思えました。Cさんは母親の前では、常に完璧な答えを出そうと苦労しているようにも思えました

タイプ3　発達障害タイプ

発達障害とは、小児期に特徴的な発達の偏りが見られるもので、最近その言葉が普及して、社会においても興味関心が高く、多くの書籍が書店に並んでいます。代表的なタイプとして、自閉症スペクトラム障害（ＡＳＤ）、注意欠陥・多動性障害（ＡＤＨＤ）、学習障害（ＬＤ）などがありますが、そのほかにもいくつものタイプがあります。分野によって用語にも違いがあり、その用語も今後変更される可能性があります（詳しくは第４章142ページ〜参照）。

それぞれのタイプごとの特徴は説明しませんが、発達障害全体の特徴を簡単に説明すると、発達障害の人は、

①同じものを見聞きしても異なったように感じる
②人に合わせた行動がうまくとれない
③人に合わせたコミュニケーションが苦手である
④大多数の人が理解できる社会通念が通用しにくい

などの特徴の一部もしくは多くが認められるようになります。子育てにおいても、親の子どもとの接し方に「独特さ」が目立つこともあります。

子どもがＡＤＨＤであれば、親もＡＤＨＤである可能性が一般に比べて数倍から十数倍高くなるという報告があります。また、子どもがＡＳＤであれば、親はＡＳＤとまではいえないものの、その特徴を持ち合わせていることが多いという報告もあります。それらの研究結果をまとめると、遺伝もあり、親子ともに同じ認知・理解の特徴を持ち合わせることがあるということです。

【発達障害タイプの事例】

Ｄ君は小学４年生の男の子です。ＡＤＨＤとして治療を受けていましたが、母親のお金を持ち出したことがあるということで、かかりつけの小児科の先生から紹介されました。

D君と母親と妹が外来を受診しました。

D君の両親はD君が幼少のときに離婚し、D君はお父さんのことを覚えていませんでした。現在までD君とお父さんの交流は一切ありません。

一方、母親もD君と同じように発達障害ではないかといわれることがあるものの、医療機関を受診したことはありませんでした。母親は短大を卒業して就いた仕事を続けています。仕事がかなり忙しいので、帰宅するまでは、D君と妹は近くに住むD君の祖母に面倒を見てもらっているということでした。母親は、1人で子育てをしながら病院に相談に行くことも仕事の妨げになり、かなり負担であるともいっていました。母親とD君とは別々に話を聞くことにしました。

D君には、ADHDに特徴的な天真爛漫《らんまん》な言動に加えて、細かいことにこだわったり、チック症状（まばたき、鼻をすする、ウッウッと声を発する）の様子が見られました。

D君は、「お母さんは、物事の順番にこだわり細かく指示をする。従わないと怒られるからいやだ」と話していました。また、お母さんが好きだから甘えようとすると、「忙しいから」「お兄ちゃんだから」といってなかなか甘えさせてくれないので、「バカヤロウ」などとお母さんに叫んでしまうとも話していました。

いろいろ叱られることについても、Ｄ君は「僕が悪いからしょうがない」、お金を持ち出したことについては「叱られたあとで、気づいたらお金を持ち出していた」と答えましたが、母親は事実を突きつけて「言い訳をするな」と厳しく問い詰めたようです。

母親に話を聞きました。Ｄ君と同様に、母親も細かいことにこだわる性格と不注意な一面があります。「Ｄ君の食事の食べ方が汚い、鼻をするといったチック症状などが耐え難い」と話しました。母親は説明したあとで、Ｄ君のかわいくないところばかりが目についてしまうと苦渋の表情でした。

ＡＤＨＤ治療薬によって、学校や家庭外では、Ｄ君の適応状態はよくなってきました。しかしながら頑《かたく》なな母親の態度が変わらないため、家庭ではＤ君の症状が持続するだけでなく、チック症状が残り、叱られると反抗するなどの様子がありました。

Ｄ君にはＡＤＨＤの治療薬に加えて、チックの治療薬を処方しました。チック症状とこだわりが軽減するだけでなく、そのことで母親がＤ君を肯定的に見ることができるようになることを期待したためです。幸い治療の効果が上がり、Ｄ君のチック症状だけでなく、こだわりも軽くなり、母も治療効果を認めています。

次は、母親への働きかけをすることになります。母親自身の協力がなければ、Ｄ君の治療効果も上がりません。母親がD君の欠点だけを注意することが続くと、D君には、虐待・ネグレクトのメッセージとして伝わりかねません。母親自身も助けを求めている、何とかしたいという思いがあるのです。

そこで、毎回の診察時に、D君には日記やノートを持ってくるように説明しました。母親には些細なことでも評価すること、家庭の中の問題点があれば具体的に助言をすることをこころがけて、病院内の臨床心理士にも話を聞いてもらえるようにしました。その上で、D君には「お母さんのお金を持ち出さない」「家の中で乱暴をしない」という2点だけをまず目標とし、ほかに母親から注意されることがあっても「医学的には大丈夫」と説明して診察を続けています。母親には、黙ってそのノートを読んでD君の成長を見守っていくように助言しています。

タイプ4　心身症タイプ

心身症とは、「その発症や経過に『心理・社会的因子』が大きく影響している、身体の病気」を指します。生活習慣を他人に合わせると、身体の調子が悪くなりやすいという特徴があります。早起きができない、不眠が強いなどの睡眠障害や、生活のリズムが乱れやすい人は、本来心身症とは別の概念ですが、このタイプに含めておきます。
子どもが幼いときは、お母さんの生活のペースに合わせて生活してくれることはありません。母親が子どもの生活のペースに合わせることになります。実はこのタイプの人は、それが非常に苦手です。たとえば、お母さんに睡眠障害があれば睡眠のリズムが整わず、他人である子どものペースに合わせることが困難です。

　このタイプの特徴は、妊娠、出産、育児という「心理・社会的因子」により、身体の不調が前面に出やすくなるということです。特に睡眠の問題や、全身倦怠《けんたい》感、食欲不振、立ちくらみなどが目立ちます。朝方は調子が悪く、夕方には改善するなど、1日の中でも体調の変動が大きいのが特徴です。

　心身症タイプの人は、思春期ごろから身体の不調を訴えて、部活や学校外の活動、友だちづきあいなども制限することがあります。そうすると1人で家にいることが多くなり、ネットに接する時間も増えます。本来、長時間ネットに接して体調を崩すこと（いわゆるネット依存症）と心身症は別個の概念になりますが、心身症の人は、長時間ネットに接しやすい環境にあるともいえます。また、体調に関連して、規則正しい生活ができにくく、その分ネットに頼ることもしばしばあります。

厚生労働省の調査では、ネット依存が疑われる中高生が全国で93万人に上り、全体の12〜16%で、その割合は5年前の調査から約2倍となり、特にスマートフォン（スマホ）の普及と関連すると報告されています。その症状は、午前中は調子が悪い、眠れない、疲れやすいなど心身症の症状とも類似しています。

心身症、スマホの不適切な使用、育児困難により、過度にネットに頼ることが今後相互に好ましくない影響が出ることも危惧《きぐ》されます。

【心身症タイプの事例】

E君は3歳、両親に連れられてやってきました。癇癪《かんしゃく》持ちで夜泣きがひどい、母親が疲弊しきっているということです。E君は診察室ではおとなしく、また言葉や運動の発達も年齢相応で、特に問題はないように思えましたが、両親の希望もあり、発達検査や脳波や頭の画像検査を行うことにしました。

両親の家庭での生活の様子について確認しました。もともと母親は「起立性調節障害」ということで大学生ごろまで治療を受けていたということです。「自律神経失調症」とも呼ばれることがある病気ですが、早起きが苦手で立ちくらみなどの症状が出やすいということがあります。父親は夜遅くまで仕事をしており、休日にも出勤することがあり、育児はほとんど行っていないということでした。

両親とも早起きは苦手な一方で、就寝時刻は日付が変わってからということで、E君が寝たあとも遅くまで起きていました。母親が眠りについた途端にE君が目が覚めることもあり、母親はE君が生まれたあと、ずっと熟睡できたことがないということだったようです。

父親が帰宅するとE君も目が覚めることが多いこと、E君自身も両親の生活の影響を受けて、寝る時間が時には午後11時を過ぎること、朝は起こされて幼稚園に通うのですが、午後は疲れて長い時間昼寝をするため、夜の寝つきが悪いというパターンでした。

E君が夕方に長い昼寝をするので、母親はそのときに家事をすませて、夕食のあとは、子どもとテレビやDVDを見て過ごすことが多く、最近ではE君と2人でスマートフォンで動画を見たりゲームをやることも増えてきたということです。

E君は小さいころから過剰にネット環境に接することになり、今後、発達に何か影響が出ないか気になります。

タイプ5　抑うつ（うつ病）タイプ

産後うつ病という言葉もあるように、出産を機にうつ病になる母親も多く、出産前後からの支援が重要だとされています。抑うつとは、簡単にいえばすべての状況を悲観的に感じてしまうことで、ストレスを受けたときに、そのような状態になる人は多いといえます。この状態が長く続くだけでなく、身体の不調も併せ持つと、うつ病になります。また、ほかの精神疾患と重なって見られることもあります。

うつ病や統合失調症といった精神疾患とはいえないものの、外来ではこのようなタイプの人は珍しくありません。思考がまとまらない、わかっていてもうまく行動ができない。他者と共感することが難しく、子育てにちょっとした楽しみを見いだすことすらできないこともあります。子どもの食事をつくる、お風呂に入れる、一緒に外出することなども、できるだけ避けたい、1人ではできないということもあります。

なお、「産後うつ」を評価する尺度としてエジンバラ産後うつ病自己評価尺度があります（図表3）。質問項目に当てはまるようでしたら医療機関にご相談ください。

図表3　エジンバラ産後うつ病質問票（EPDS）

項目は10項目で、0、1、2、3点の4件法の母親による自己記入式質問票で、うつ病によく見られる症状をわかりやすい質問にしたものであり、簡便で国内外で最も広く使用されている質問票である。母親が記入後、その場でEPDSの合計点数を出し、合計30点満点中、9点以上をうつ病としてスクリーニングする。

実際使用する質問票の（　）内は空欄になる。

＊＊＊＊＊＊＊＊＊＊＊＊＊＊＊＊＊＊＊＊＊

産後の気分についておたずねします。あなたも赤ちゃんもお元気ですか。最近のあなたの気分をチェックしてみましょう。今日だけでなく、過去7日間にあなたが感じたことに最も近い答えに○をつけてください。必ず10項目全部に答えてください。

1．笑うことができたし、物事のおもしろい面もわかった

（0）いつもと同様にできた（1）あまりできなかった（2）明らかにできなかった
（3）全くできなかった

2．物事を楽しみにして待った

（0）いつもと同様にできた（1）あまりできなかった（2）明らかにできなかった
（3）ほとんどできなかった

3．物事がうまくいかないとき、自分を不必要に責めた

（3）はい、たいていそうだった（2）はい、時々そうだった
（1）いいえ、あまりたびたびではなかった（0）いいえ、全くなかった

4．はっきりした理由もないのに不安になったり、心配したりした

（0）いいえ、そうではなかった（1）ほとんどそうではなかった（2）はい、時々あった
（3）はい、しょっちゅうあった

5．はっきりした理由もないのに恐怖に襲われた

（3）はい、しょっちゅうあった（2）はい、時々あった（1）いいえ、めったになかった
（0）いいえ、全くなかった

6．することがたくさんあって大変だった

（3）はい、たいてい対処できなかった（2）はい、いつものように対処できなかった
（1）いいえ、たいていうまく対処した（0）いいえ、普段通りに対処した

7．不幸せな気分なので、眠りにくかった

（3）はい、ほとんどいつもそうだった（2）はい、時々そうだった
（1）いいえ、あまり度々ではなかった（0）いいえ、全くなかった

8．悲しくなったり、惨めになったりした

（3）はい、たいていそうだった（2）はい、かなりしばしばそうだった
（1）いいえ、あまり度々ではなかった（0）いいえ、全くそうではなかった

9．不幸せな気分だったので、泣いていた

（3）はい、たいていそうだった（2）はい、かなりしばしばそうだった
（1）ほんの時々あった（0）いいえ、全くそうではなかった

10．自分自身を傷つけるという考えが浮かんできた

（3）はい、かなりしばしばそうだった（2）時々そうだった（1）めったになかった
（0）全くなかった

東京都福祉保健局「要支援家庭の把握と支援のための母子保健事業のガイドライン」より

【抑うつ(うつ病)タイプの事例】

F君の母親は、うつ病と診断されて治療しています。おそらく妊娠前からその特徴は出ていたようですが、診察は受けていませんでした。出産後に病院の母親学級で、産後うつの可能性があるということで、保健師が家庭訪問をはじめました。眠れない、F君に授乳するのがつらい、F君が泣くと自分も泣きたくなる、などの様子が見られ精神科を受診し、うつ病と診断されました。

うつ病の場合は、できるだけストレスがかからないように環境調節をします。学校や会社を休むように助言することもありますが、育児の場合は簡単にはいきません。夫や両親に手伝ってもらうことはあっても、授乳などどうしても自分でやらなければいけないことがあります。

F君の母親の調子は一進一退で、調子が悪いと食事をつくれない、外出するのが億劫《おっくう》で買い物にも行けない、F君と遊んであげることが難しいといった状態でした。母親の体調に影響されるかのように、F君も母親が不調なときには情緒不安定になりました。実家の両親が家庭を訪問することも多く、夫も仕事を制限して育児に協力していました。

母親が周囲のサポートを受けることでF君の発達は順調に保たれていますが、常にこのようなサポートを受けられるわけでもありません。また、病院に行くほどではなくても、うつ症状を感じながら子育てしている人は多いと思います。

何事も悲観的に感じてしまう、子育てがつらく楽しみを見いだせない、体の調子が悪く子どもの世話を負担に感じる、などの様子がありましたら、早めに医療機関に相談をしてください。難しければ、近くの子育て支援センターや保健師を介してでもよいでしょう。

●親が子どもを病気にしてしまっている!?

今までお話しした事例は、D君の事例を除いて、子どもはそれほど問題がないのに、親が子どもを病気にしてしまっているともいえますし、D君の症状も母親の影響が大きいといえます。言い換えれば、親の育児困難が解消されれば親子関係も改善して、さしたる問題もなくなるでしょう。

子育ては親だけではなく、地域社会でもサポートする必要があります。母子保健の分野では子育て支援事業に盛んに取り組んでいますが、スタッフの育成が間に合わず空回りしていることもあります。さらに教育の分野では、子育てそのものは家族の役目であり、子育て支援という意識が乏しいのが現状です。ここで１つ事例を紹介します。

●親の不安をあおる学校や医師の対応

G君は私立の小学校に通っている2年生の男の子です。その学校は優秀な大学に進学することを目標とした教育プログラムを取り入れて、特に英語教育に力を入れるなどの特色もあるようです。

有名大学を出て企業を経営している父親と、その実家の祖父母の期待が強いG君に対して、G君の母親は育児に強い責任感を持っていました。そのため、ついついG君にいろいろ指示を出しがちでしたが、父親が間に入り、小学校入学までは特に問題となる様子もありませんでした。

小学校入学後、G君は授業がつまらないといい出し、しばらくは我慢しているものの我慢ができなくなると先生に話しかけたり、教室を飛び出すなどの行動が見られました。学校の教育方針が合わないためか、自由にふるまいたがるG君について、担任と学年主任が両親を呼び出して、「お子さんは発達障害と思われるから、医療機関で診断を受けて、診断結果を知らせてください」と話をしました。父親はその説明を疑問に思ったものの、母親の早く対応しなければという考えを受けて、近くの小児科を受診しました。

そこでは、母親に発達障害の特徴を記したチェックシートの記入を依頼し、G君自身にはほとんど診察も行わないで、G君を発達障害と診断し、G君と母親の前で「いいお薬があるから飲んで頭のいい子になりましょう」と内服治療を提案しました。しかし、G君自身が「僕は薬を飲まない」と拒否したため、もう一度自宅に帰って考えたいと返事をして、そのクリニックをあとにしました。

母親は、小児科での診察結果にショックを受けたものの、G君によくなってもらいたいという気持ちと、G君の服薬拒否で混乱し、父親に相談しました。父親は別の専門家に診てもらうことを提案し、父親自身も服薬には反対であることを母親に告げました。

その後、両親とG君3人で私の外来を受診しました。診察がはじまる前に、G君と母親は不安そうな顔をしていました。

まずは、G君に学校のことを聞いてみました。「学校はおもしろくない。特に国語と英語の授業がつまらない。騒ぐことはいけないことだとわかっているけど、我慢ができなくなり、先生につまらないと話をすると、(先生は授業を邪魔されたと感じて) 無視されたり注意されたりするので、教室を出て行く」。外来を受診した理由については、「前の病院では意味不明のことをいわれて薬を出されそうになった。薬は飲みたくない」と、驚くほど整然と質問に答えてくれました。

ＡＤＨＤの人に見られる不注意や多動も、ＡＳＤの人に見られるコミュニケーションが成立しづらいなどの特徴も、まったく見られませんでした。

Ｇ君が発達に問題がないと判断したポイントはいくつかあります。１つ目は、学校以外では何の問題も見られないということです。２つ目は、学校では「教室を飛び出す」「先生の話をさえぎる」という行動の結果を問題としていますが、原因は十分に理解できるものです。３つ目は、先に診察を受けたクリニックの様子を踏まえて、時系列にまとめて自分の意見をいうことができたことです。

Ｇ君は発達には何の問題もないというよりは、同年代の子どもよりも社会性のある男の子だと両親に説明しました。Ｇ君が自ら訴えることで、母親の不安を解消したということもあったのでしょう。母親は安心し、Ｇ君も「やっとわかってもらえたか」という表情をしました。母親が学校にうまく説明ができるかどうか心配なので、診断書を書いてほしいということで、「定型発達児（発達に何ら問題のない子ども）」ということで書類を作成しました。

このケースを整理してみましょう。１つ目は、Ｇ君のように特に心配のない子を、学校の方針から外れるということで発達障害と考えることです。2つ目は、慎重に診断することなく、内服薬の提案をする医療側の問題があります。子どもの診察に関わる医師が母親と本人が不安になるような発言をすると、仮に治療方針が正しいとしても、よい治療効果が得られません。ましてや親子が「診断」を受け入れていないという段階では薬物治療の効果が上がりません。3つ目は、母親が育児困難に陥りやすい抑うつタイプであり、自己肯定感が低いことです。

一方で父親の対応は一貫しており、G君に寄り添いながら母親の育児不安の解消に努めて、現実的な解決策を探っていました。このようなケースでは、父親が学校側や医師に直接抗議することもありますが、今回は冷静に情報を収集し、母子に負担がかからないように専門医の診断書（意見書）を書いてもらい、学校に届けることにしました。これからはお母さんの自己肯定感を支えることで、G君も安心して健やかに成長・発達していくことでしょう。

●トラウマを抱えながら子育てする親たち

母親が明らかな「うつ病」「統合失調症」「強迫性障害」「不安障害」などの精神疾患を

抱えている場合は、母親の治療と、母親以外の人の育児への協力が不可欠になります。それらの可能性が考えられれば、母親だけでなく、子どもの成長発達にも大きな影響がありますので、勇気を出して医療機関で相談してください。

一方、先ほどのタイプ分けでお話ししましたが、明らかな精神疾患ではないものの、育児困難に陥りやすいタイプの人も少なくありません。子育て支援に関わる人は、ぜひ念頭に置いていただきたいと考えています。

なかでもトラウマを抱えている人、トラウマの処理ができていない人は、子育てが困難になります。トラウマがある人の中で、医療支援を受けているのはほんの一部です。大部分は、本人がこころをひらいて相談できる人がおらず、思いきって話をしたところで、励まされたり、他人事のように一般論や精神論の話を聞かされたりすることがほとんどで、誰にも相談できないと疎外感を感じる人も多いと考えています。

トラウマを抱えている人は対人関係を構築することが難しいといえます。育児は最も難しい対人関係の構築という側面があります。弱い立場にある子どもにペースを合わせていく。それが育児であるということを理解し、楽しみや小さな生きがいを感じることができればよいのですが、トラウマがある人は「自分を犠牲にしている」「苦しい体験がよみがえってくる」「自分がこれだけ頑張っているのに報われない」などと感じてしまい、育児困難に陥りやすくなります。

トラウマを抱えている人は、他人からの些細な言動に過剰に反応することもあります。「自己責任」「ミスがあれば徹底的に原因を究明」「炎上（インターネット上の失言、不祥事などに非難・批判が殺到して、収拾がつかなくなっている事態）に加担する」など、他者を責める人の中にも、自己肯定感が低くトラウマを抱えた人が多いようです。またそれらの行為が他人の新たなトラウマ体験となり得ることも気になるところです。

●発達障害の増加と育児困難の関係

先ほど、ここ二十数年で、虐待の相談対応件数が著しく増加していることをお話ししました。子どもの数が減っているのに虐待は増えている。これは今の社会状況を反映しているのでしょうか？

核家族化、ワンオペ育児（１人で仕事、家事、育児のすべてをこなさなければならない状態）、学校教育の問題、急激な生活環境との関連も、その要因としてあげられることがあります。

関連する要因の中で、発達障害を指摘する意見もあります。発達障害が注目されるようになったのは1980年代ですが、それ以前から発達障害の人は存在していたと考えられます。

発達障害の1タイプである自閉症の子どもの割合は稀であると報告されていました。図表4は、自閉症と診断される人の変化を示しています。1970年代では、イギリスの代表的な疫学研究では約5000人に1人でした。その後、診断基準の改定もあり、現在は「自閉スペクトラム症」と呼ばれるようになりましたが、新しい調査のたびにその割合が増え、2009年には110人に1人、さらにその後は100人に1人以上、すなわち1%を超えるという報告も出てきました。ここ約40年で50倍に増加しているということになります。

ここ30年かそこらで、日本の虐待相談対応件数と、世界中で発達障害と診断されている子どもが激増している事実。それぞれはまったく別個のことですが、「発達障害があると、より子育てが困難となり、虐待のリスクが高まる」と関連づけた指摘もあります。

確かに発達障害に限らず、障害のある子どもが虐待を受けやすいことは、さまざまな調査で明らかになっています。しかし、一義的にそのことが要因とはいえません。発達障害

図表4　自閉症と診断される症例数の増加

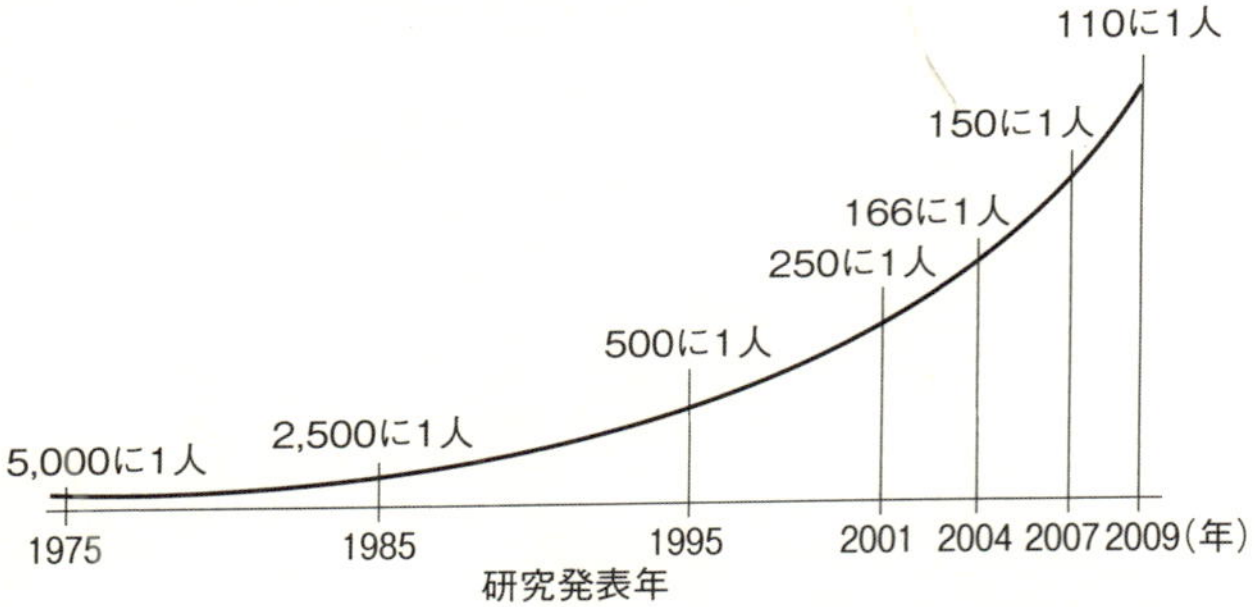

（Weintraub, K., Nature, 2011）

の増加については、さまざまな要因が指摘されていますが、本当に増えているのか、見かけの増加（発達障害が社会で認知されたこと、および診断基準の改定）なのかは結論が出ていません。

私は、これほど発達障害が急激に増えることについては大きな疑問を持っています。見かけの増加で2〜3倍程度であればそれも理解できるのですが。「見かけの増加」といっても前述の意味での増加ではなく、「見方の増加」ではないでしょうか？

つまり、親が育てにくい子どもを「発達障害」ととらえて、社会もそれを認めている。言い換えれば、大人から見た子どもの育てにくさを「発達障害の増加」と表現しているだけで、子どもたち自身はそれほど変わりようがない。むしろ社会や大人、親が急激に変化してとまどっており、それを子どもの変化と置き換えているのではないか。旧来の子どもらしい子の対応が難しくなった要因を、発達障害に転嫁しているのではないか。

「見かけの増加」までは社会現象としてとらえることもできますが、「見方の増加」により本当に支援が必要な「真の発達障害児」に支援が届きにくくなることは、避けなければなりません。

第2章

子どものこころは、親のこころを映す鏡

―「こころの病」は子どもからのメッセージ―

●子どもより親のほうが気になる

私は、現在もいくつかの病院で診察を行っています。診療するのは子どものこころに関連した外来であり、医療機関や相談機関からの紹介に限っています。

診察をする患者さんは、発達障害、うつ病、不安障害、愛着障害、統合失調症など診断名はさまざまですが、共通した特徴としては、不登校やひきこもりなど、社会との接点が持てない人が多いことがあげられます。逆に社会との接点が持てる人は短期で診察が終了になるか、投薬などの治療が必要であっても自宅近くの主治医を紹介し、今後の診察を委ねることができます。

もう1つの特徴は、子どもが不登校やひきこもり状態になると、家族の負担感が強くなることです。どの親も一生懸命ですが、親子関係がしっくりいかず、親も支援を求めていることが少なからずあります。また、親自身も心身の不調を訴えて診察を受けていることもあります。時には、お子さん自身はかなり改善しているのに、子どもよりも親が改善しないことや、子どもよりも親が気になることも少なくありません。

私の臨床経験からは、気になる親の特徴はほぼ例外なく、第1章でお話しした、育児困難になりやすい、いずれかのタイプの人たちです。

世間から見ると、多少子どものことに無関心に思えても、子どもの自主性を尊重するような親御さんの場合は、子どもの状況を共有して、子どもの支援に力を注ぐことができます。

一方、子どもを心配する熱心な親御さんの場合は、子どもの出来事を自分のことのように心配したり、自分と子どもを同一化することで、実際は別々の存在である親と子が互いに影響し合う状況を生み出してしまいます。世間から見て子育てに熱心な親、子どもにとっては大切な存在である親も、一方では過剰に干渉する存在であり、子どもが過剰に干渉された（自分の自主性を侵害された）と感じた途端、身体の不調を訴えたり、激しく怒ったりすることもあります。

なかでも、親自身がトラウマを抱えているケースでは、親子関係が歪みやすくなります。しかし、親がトラウマを抱えていても、子どもの診察の場でそのことに言及することはまずありません。何回か診察を重ねる間に、親が子育てに関する本音を話すようになります。話を聞いていると、親自身が持つトラウマ体験に気づくこともあるのです。

ではこれから、親のこころのトラブルが子どものこころのトラブルにつながっていたケースを紹介していきましょう。

●母子関係より父子関係に問題があることもある

H君はASDがある中学生です。支援学校に通っているのですが、他人のあとをついていく、突然癇癪を起こす、自分の髪の毛を抜いてしまう、ぎりぎりまでトイレを我慢して尿や時には便をもらしてしまう、などの問題行動がありました。いずれもASD本来の症状ではありません。

母親の話では、学校の中でのストレスがたまっているのではないかということで、学校の先生とも連携して、できるだけ本人のやりたいことを尊重し、ストレスがたまらないように調節をしていきました。また、同時に気分を安定させる薬を内服することにしました。ところが、本人の様子は思うように改善しませんでした。

数回目の外来のときに、母親が「この子が主人を怖がっているのです」と話しました。H君が問題行動を起こすと厳しく叱ることは前からあったのですが、最近は暴言を吐く、手を出す、性的な内容のある言葉で怒鳴るなどがあるということです。同時に、父は自分の好きなことにはとことん集中して家族を顧みず、母親とのいざこざも増えてきましたが、同じように怒鳴りつける父親を見てＨ君もおびえているということです。Ｈ君の父親はＡＤＨＤに加えて、躁《そう》うつ病の可能性もありそうです。

Ｈ君の最大のストレスは、父親との関係であることがわかりました。父親に外来に来るように母親を通して話をしましたが、受診することができませんでした。それまでは、父親が障害のあるＨ君への接し方が下手なだけだと半ばあきらめていたのですが、最近はそれだけでなく、父親の気分の変化も大きくなり、妹も含めて家族全員が疲弊するようになり、母親が思い切って相談したということです。

父親が自分を何とかしたいという希望があれば、ほかの主治医を紹介することもできますが、それは難しそうです。そこで警察に相談することにしました。以前、Ｈ君が知らない人についていって行方不明になったときに、警察が関与して探したことがそれまでも２～３度あったため、警察の「生活安全課」のスタッフとは連絡を取りやすい状況だったからです。

父親とはしばらく別居してもらうことにしました。また、Ｈ君は精神障害者保健福祉手帳を取ることにより、市の精神保健担当者が定期的に母子の相談にのることになりました。そうするとＨ君の問題行動は急激に改善しました。

母親は、最初から父子間の問題に気づいていましたが、学校でのトラブルも抱えていたので、学校と連携をすることで改善するのではないかと考えていたようです。しかし、なかなかうまくいきませんでした。私はほかにストレスの要因があるのか、家庭の中の問題を含めて考えてみたのですが、外来での母親の様子はさしたる問題があるようには見えず、要因がつかめませんでした。

何回か診察を重ねるうちに、H君の母親は、こじれた父子関係のことを話してくれました。改善しない原因がわかったことで、解決策を提示することができました。最もデリケートな家族関係の問題でもあり、最初から語ることはできなかったのでしょう。そのため母親は、学校の問題が改善すること、医療機関で薬の処方を受けることで改善することを期待していたのかもしれません。

●親が悩みに気づくことで、子どもも癒される

親自身がトラウマを抱えているケースでは、親子関係だけでなく、夫婦関係や周囲の人間との対人関係も歪みやすくなります。時には主治医との関係がこじれることもあります。些細な言葉に過剰に反応して、なかには主治医に暴言を吐いたりする人もいます。このよ

うな場合は、子どもを通して「自分のことにも気づいてほしい」という親の本音が隠れているのです。

また、子どもを病気に仕立てて、子どもを一生懸命に看病する姿を見せる親（医学的には「代理ミュンヒハウゼン症候群」という病名になります）もいるのです。子どもを病気に仕立てるのは虐待行為であるといえます。

●こころのケアのカギが、母親の悩みにあったケース

I君の母親は、夫のDV（配偶者間暴力）が原因で、母と兄とI君で民間シェルター（民間団体によって運営されている暴力を受けた被害者が緊急で一時的に避難できる施設）に避難して、その後離婚が成立しました。

母子での生活がはじまりましたが、そこで母子間のトラブルが起きました。I君は軽度の知的障害といわれており、母親が教えても勉強がわからないI君の首を絞めるという問題があり、I君が児童相談所に一時保護されてしまいました。児童相談所の職員と母子が、I君のメンタルのサポートを含めて近くの病院の小児科を受診しました。そのときにI君の母親が、子どものこころの問題を見てくれない、主治医の言葉遣いが無神経である、と

ろ話をしていたら、苦手意識を持ってしまったかもしれません。

I君の母親に、「I君も小さいときから大変だったのですね。音に対しての刺激に敏感になってしまったのです。単に勉強の問題ではなく、大きな声の先生には配慮をお願いするなど、生活環境を整えましょう」と説明しました。その後、母親に向って「大変心配だったでしょうね」と話しかけたところ、涙を流しはじめました。

夫からI君がダメなのは自分のせいだといわれ続けたこと、自分がしっかりしなければと思う気持ちと裏腹に、I君とどう接していいのかわからず、つらく当たったことなどを話してくれました。I君は母親が涙を流しながら相談している様子を見て、安心しているようでした。I君にとっても母親が悩んでいるのは心配だったのでしょう。

3回目の診察のときには、I君は施設や学校では特に心配な様子ではない、試しに自宅に1泊したが順調で、自宅での生活の準備をはじめているという状況でした。

I君の母親は、今回の診察のときも涙を流して、自分の生い立ちを話しはじめました。実家ではほめられた記憶がないこと、常にいろいろな要求をされて息苦しかったこと、親のいう通りに大学を卒業して結婚したが、男性を見る目がなく夫との生活が苦痛であったこと、細かいことが気になり夫に話すと激怒することの繰り返しだった、などです。

I君親子は現在、自宅で一緒に生活をしています。I君は無理のない環境ということで支援学校に通っていますが、母子関係も安定しています。

I君の母親の本音は、「親子ともに助けてほしい」ということでしょう。I君の母親はプライドも高く、そのことを語れないばかりか、下手に介入されると、自分のプライドを守るために攻撃的な言動を繰り返していました。その対人関係のとりにくさが、父親のDVを誘発したのかもしれません。母親が涙を流して語ることで、過去のつらい記憶と決別するきっかけになったとも考えられます。

●親と子どもが一緒によくなっていく

I君の事例は、子どものこころの問題、母親のこころの問題の両者が絡み合っており、それぞれ別個に扱っても解決することは難しいといえます。

私のところを受診するまでは、I君の知的障害とてんかんについては、小児科医と学校での支援と治療体制が整っていました。また、I君の母親の現在の状況、強迫性障害とPTSDについては治療を受けていましたが、愛着障害には介入はされていませんでした。つまり、親子で核心部分であるこころの問題の相談はほとんど受けていなかったということになります。

I君親子が最初に私のところを受診したとしても、不用意な発言をしていたら受診が続かなかったかもしれません。あらかじめ情報を提供してもらったことで、スムーズに親子のこころの問題に気づくことができました。

I君にとって幸いなことは、母親との信頼関係が保たれていたことです。民間シェルターに避難するまで、母親に守られていたと実感できたのでしょう。母親が無理心中を図ろうとする行為は身体的虐待行為であり、児童相談所に保護されることになりました。一時保護期間中に、これからのI君の生活の場について慎重に検討されていました。支援を続けながら母子一緒に生活することを目標とすること、そのためには親子ともに医療機関とつながって、見守っていくことが必要だったのです。

I君の母親はどうでしょうか？　実家との関係もよくないので実家に頼ることができません。実家の両親と健全な愛着関係を形成することもできていませんでした。その後、暴力的な夫との関係が破綻し、夫から逃げるように、住み慣れた土地を離れて母子3人で静かに暮らすことになりました。

ところが、知らない土地で仕事も辞めて母子のみで暮らすのはストレスのかかることです。Ｉ君の母親はそれなりに知的な人で、仕事もしていました。引っ越しを機に仕事を辞めて家族の時間を持ち、自らＩ君の学習指導を行っていました。しかし、それが行き詰ってしまい、心中という極端な行動を企てようとしました。より手厚い支援を要していたのです。

私のところには、あくまでＩ君の診察の依頼ということでしたが、Ｉ君のこころのトラブルの原因は、母親のこころのトラブルが大きくかかわっています。Ｉ君の診察を通して母親がこころのトラブルを解決していくことが、よりよい治療につながります。

しかし、母親自身を変えるような働きかけは困難です。「現実をありのままに受け入れていく。母親もＩ君も悪くない。過去のことを切り離して、今からは無理をしない生活をする」。このようなメッセージを、Ｉ君を通して、母親にも伝わるようにこころがけました。それが母子の安定につながったと考えています。

●子どもは親の育児困難に気づいている

先ほど、親が子どもを病気に仕立てる「代理ミュンヒハウゼン症候群」について触れました。時には子どもが親を守るため、あるいは親に負担をかけないために、意識せずに自分が病気であるという状態になり、その状態を続けていくようなこともあります。

J君は10歳の男子です。母と弟の3人家族。J君が小学校2年生のときに両親が離婚しています。J君は父を慕っており、両親が離婚することは望んでいなかったということですが、現在は父と会うのは年に1〜2回程度ということです。

J君が幼稚園に通っているころ両親の仲が悪くなり、幼い弟がいるため母親に甘えることもできませんでした。昼間に尿や便をもらすことが多く、母親からは厳しく叱られていました。母親はJ君と一緒にいるとイライラして感情がコントロールできず、時には叩いてしまうこともありました。

母親はJ君と弟の養育が負担で、地域の保健師に相談して精神科を受診しました。うつ病と診断され抗うつ薬の処方を受けたものの、治療は長続きしませんでした。

一方で、仕事は辞めようとせず、J君と弟は、学校が終わると放課後に学童保育（日中保護者が家庭にいない学童に対して、授業の終了後から保護者が帰宅するまでの時間に適切な遊びや生活の場を与える保育事業）を利用して母親の帰りを待つものの、母親は帰宅後食事を作ることもできずに、J君が近くの店に食べ物を買いに行っていました。母親は自宅での掃除や洗濯などの家事も負担であったため、J君が手伝っていました。

Ｊ君は、小学校入学後も少量の便や尿をもらすことがあり、近くの病院で薬物治療や箱庭療法（心理療法の１つで治療者が見守る中、子どもが自発的に、砂が入った箱の中にミニチュア玩具を置き、砂自体を使って、自由に何かを表現したり遊ぶこと）を受けていましたが、あまり改善しないこと、母親が通っている精神科と同じ病院のほうが通院の都合がよいということで、私のところに紹介されてきました。

母親はＪ君にパンツを２枚はかせて通学させていました。10歳になっても便や尿をもらすのは発達障害や知的障害の子が多いのですが、Ｊ君は学業、スポーツともに優秀で礼儀正しい子でした。それでも母親からは日常的に叱られていました。

ある外来受診日、Ｊ君が１人で外来にやってきました。母親は忙しいので１人で行くようにいわれたそうです。そこでＪ君に「どうして便や尿がもれるのかな？」と質問すると「寂しいから」と即座に返事しました。「寂しくなくなったら大丈夫かな？」と再び質問すると、少し考えたあと、「わからない」と答えました。そのほか、薬を飲むことや箱庭療法をやっても変わらないと思う、お母さんが行くように指示するから通院しているなど、母親の前では話しにくいことを語ってくれました。

便や尿をもらすことで母親から叱られますが、Ｊ君にとっては母親にかまってもらえることになります。勉強ができて母親の代わりに家事もできるしっかりした子どもですが、自己肯定感が低く、いろいろなことに対して「自信がない、できない」と答えていました。

母親は、精神科の外来ではほとんど話をせずに、薬の処方をもらう程度でした。J君の次の診察のときに、母親と2人で来院したので、今後は必ず一緒に受診するように助言をしました。J君が箱庭療法をやっている時間に、母親と話をしました。母親には、自分の気持ちを日記につけてみること、できる限りJ君と一緒にいる時間を増やすことを提案しました。

母親が、J君との時間の過ごし方がわからない、自分が子どものころは母親と2人で過ごすことが苦手だったというので、臨床心理士に依頼して個別に面接を行うことにしました。

最初は問いかけに対しうなずく程度でしたが、徐々にいろいろな話をし、母親の生い立ちと、それに伴って経験したいろいろな困難を話してくれました。母親は仕事を減らすことにし、自らのうつ病の治療もきちんと行うことを決めることができました。日記を書くことにより、冷静にJ君との関係を見つめることができて、J君に対する攻撃的な言動は減っていきました。

J君は、外来に自分の工作作品や宝物を持ってきて説明する、学校の出来事を話すなど、学校や家庭の様子をきちんと話すことが多くなってきました。母親とJ君が同じ部屋で寝ることでJ君の不安は軽くなり、昼間のおもらしだけでなく、夜尿もほとんどなくなりました。J君の治療やかかわり方はほとんど変えていませんが、おもらしは見られなくなりました。

J君は母親の育児困難に気づいていたのでしょう。意図的ではありませんが、自分自身が通院することで母親の通院を促し、母親の治療やカウンセリングを積極的に行うことによって、母親のこころの問題が改善し、それに伴ってJ君のこころの問題も改善したのです。

ここまで、育児困難を抱える親のこころの問題が子どものこころのトラブルを招いていたケースについてお話ししてきました。

次章からはこのようなケースの根底にある「自己肯定感」について説明しましょう。

第3章

親だけが、子どもの自己肯定感を上げられる

―親が変われば、子どもは自然に変わりだす―

●「自己肯定感」とは何か

最近、「自己肯定感」という言葉をよく聞くようになりました。第1章で述べた育児困難を起こしやすいタイプ、特にトラウマタイプや抑うつタイプの親は、「自己肯定感」の低さが深くかかわっているのではないかと私は考えています。つまり、自分に対して否定的な感情が強く、肯定的な感情が持てないということです。

しかし、その言葉の使い方も曖昧ですので、最初に、これから述べる「自己肯定感」という言葉のとらえ方についてお話ししましょう。

●よい面、悪い面を含めたものが「自尊感情」

自分のことを自分でとらえるという概念には、心理学的には「セルフ・エスティーム」という言葉を当てるのが一般的です。その概念は「自己に対する肯定的、または否定的な態度」です。

すなわち、セルフ・エスティームという概念は、「自信を持ち、ゆったり構えること」や「自分に満足する」という、いわゆるポジティブな思考を指すだけでなく、ネガティブな側面も包括した概念に近いと思われます。セルフ・エスティームという単語は、プラスの価値とマイナスの価値を中立的かつ客観的に表す単語、ということもできます。

セルフ・エスティームは、日本語では「自尊心」「自負心」「自己評価」「自己尊重」「自己価値」「自己肯定感」などさまざまな用語があります。日本語の「自尊」にも中立的な意味合いがあり、一般に使用するときは自尊感情より「自尊心」という言葉が多く用いられるようです。

一方、「自己肯定感」という表現は、自分自身を肯定するということに重点が置かれています。広義には自尊感情とはほぼ同義で、否定的な側面をそのまま肯定的に受け入れるという意味で用いられていることもあります。

本来、セルフ・エスティームは、高すぎても低すぎてもよくない、というイメージがあります。よい面、悪い面を表す言葉としてとらえているからです。

しかし、日本の場合には高すぎることは例外であり、自尊感情については「高めよう」という議論が一般的です。また、「自尊感情」という日本語は、そのほかの訳語と異なり、少し頑固な人格像を意味する言葉としてもとらえられ、必ずしも日本語として受け入れやすいよい響きだけを持つわけではないようです。

本書では、基本的には「自己肯定感」という言葉を使っていきます。私たちの研究結果を引用する部分のみ「自尊感情」という言葉を使用していきます。

●育児困難の根底にある自己肯定感の問題

私たちは、QOLという研究を行いながら、自己肯定感について考えてきました。まずはQOLについてご説明しましょう。

QOLとは「クオリティ・オブ・ライフ（quality of life）」の略で、日本語では「生活の質」と訳されることがあります。私は、患者さんの身体の不調や単なる精神の不調をよくするだけでなく、日々の生活が充実したものになるよう、臨床の現場では常にQOLを念頭に置き、また研究も続けてきました。

2007年に、ユニセフが先進国の子どもを対象とした幸福度調査結果を公表しました。「孤独を感じる」と答えた子どもの割合が、日本が約30%とほかの国に比べて突出して高いということが報告されました。子ども自身がイエス、ノーの2択で答える質問ですから詳しい背景はわかりませんが、一部の研究者や臨床家はその結果に愕然《がくぜん》としました。私もその1人です。

図表5　「改訂版kid-KINDL」のQOL尺度構成

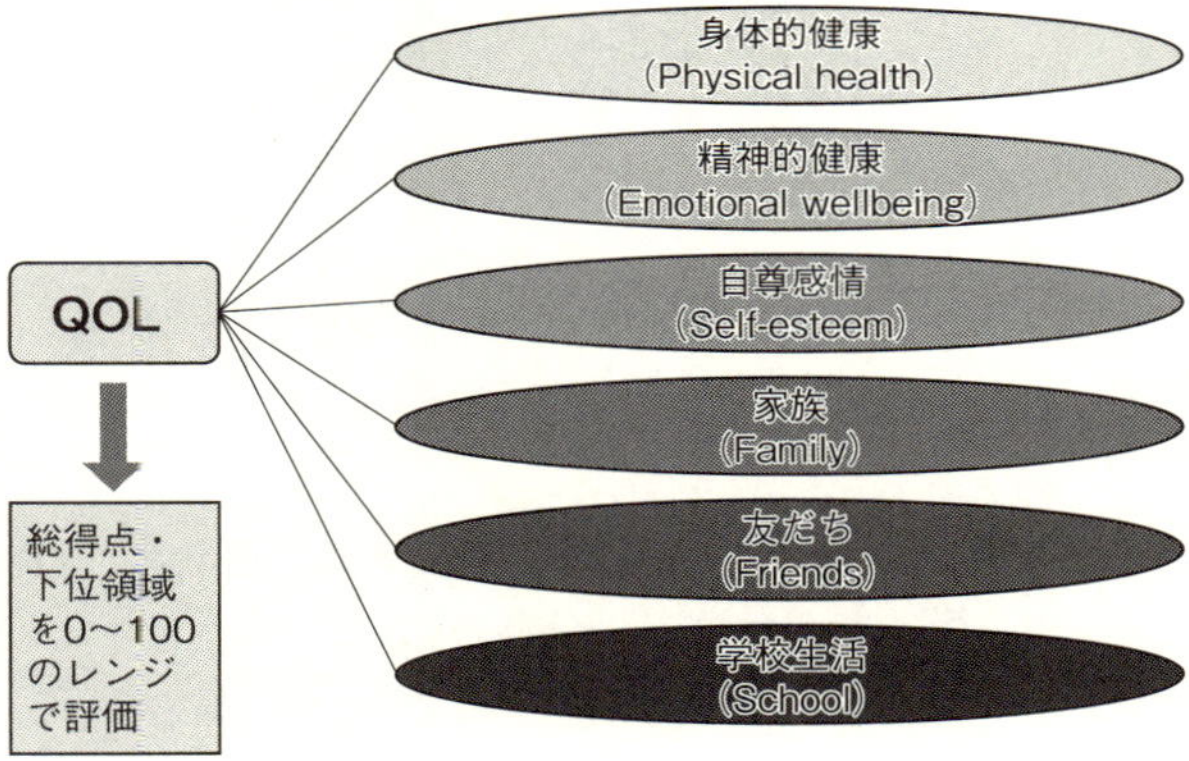

なお、全体の調査結果は、日本の子どもに回答を求めていない項目があるため、日本は含まれておりませんでした。ちなみに2番目に高いアイスランドが約10％で、全体では5〜6％程度です。

そのころ私は、たまたま日本の小学生から高校生を対象として、子ども自身が日ごろ感じているQOLについて研究を行っていました。

QOLの調査について、簡単に触れながらご説明しましょう。

もともと私たちが使用しているQOL尺度は、ドイツの学者であるBullingerとRavens Sieverがドイツ語で開発した子どものみを対象としたもので、原作者が英語版も作成しました。私たちは原作者からその尺度を日本語に翻訳する承諾を取りました。現在では、その改訂版が「Kid-KINDL」

として、世界の約30カ国語に翻訳されて使用されています。

子どものQOLを構成するものとして、6つの領域（身体的健康、精神的健康、自尊感情、家族、友だち、学校生活）に5択の質問をそれぞれ4個作成して、子どもたち自身で答えたものを得点化して評価するものです。

詳しくは、原作者のホームページ（https://www.kindl.org/english/information/　ドイツ語版もしくは英語版）をご参照ください。

●自己肯定感が低い日本の子どもたち

研究を進めるうちに、日本の子どものQOLに大きく関係する因子が自尊感情ということがわかってきました。

小・中学生を対象にして、学校でQOLについての調査を行いました。学校に通う子どもたちを対象とした調査ですので、在籍する学年別に調査結果を公表しています。その結果、小学3～4年生（10歳）ごろから自尊感情が低下し、中学生の年齢にかけて低下し続けていることがわかりました。

私たちはオランダの子どもと比較をしました。ユニセフの調査で「孤独を感じる」と答

図表6　日本とオランダを比較した自尊感情の年齢変化

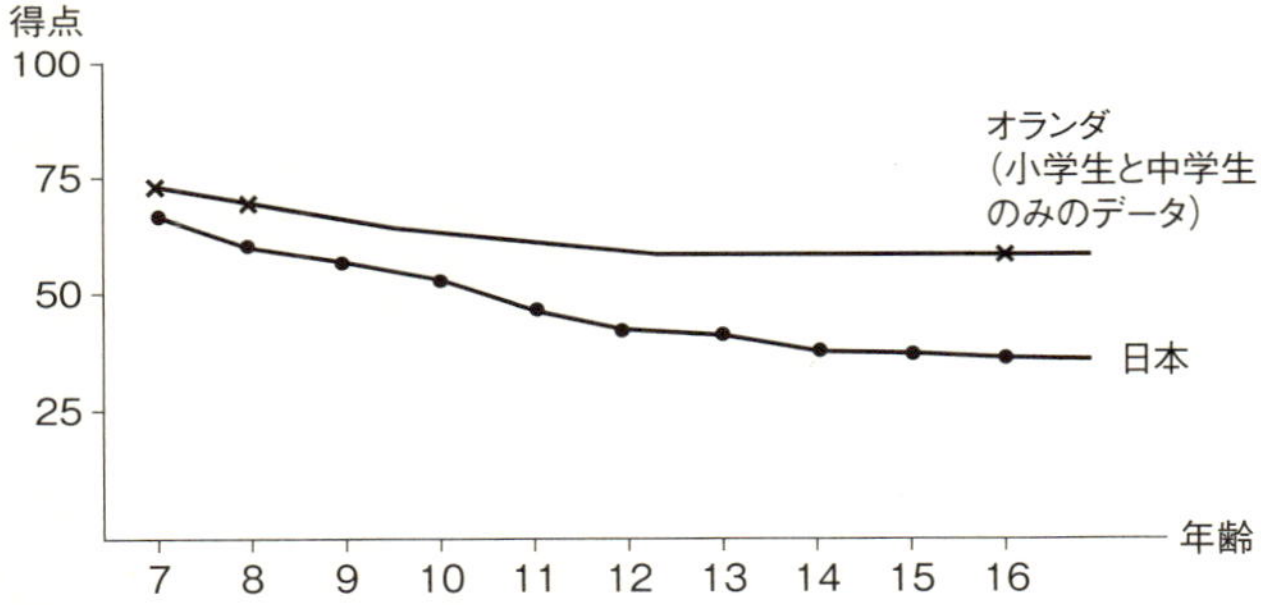

日本の子どもの自尊感情は10歳ごろに急速に低下するが、オランダはそれほど低下しない。また、思春期にかけては日本はさらに低下するが、オランダは低下しない。すべての年齢でオランダが高くなっている。

えた子どもの割合が最少だったのがオランダだったためです。オランダの子どもでも10歳ごろに自尊感情は低下する傾向はあるものの、それほど明確ではなく、思春期以降はあまり低くならないという結果でした。

ほかの国の調査結果をいくつか見ても、学年が上がるごとに自尊感情が低下するのは各国で共通ですが、これほど急激に低下している国はないようです。ＱＯＬ全体は学年が上がるにつれてゆるやかに低下していく傾向にありますが、日本の場合、自尊感情が10歳ごろから急速に低下していくのが目立ちました。

これらの結果は一般の方向けには、２００９年に拙著『日本の子どもの自尊感情はなぜ低いのか』（光文社新書）として上梓していますので、興味のある方はお読みいただければと思います。

それから約10年が経過し、子どもを取り巻く環境は大きく変化しました。何といっても「ケイタイ」の普及が大きいと思います。文科省も、初等中等教育における学習指導でのＩＣＴ（情報通信技術）活用を推進しています。

一方で、いじめの認知件数や虐待相談対応件数、発達障害の可能性がある子どもの増加などがあります。果たして子ども自身は日々の生活に満足しているのでしょうか？　単純な比較はできませんが、調査をはじめたころと、最近の調査を比較する必要があるのではないかと考えています。

●自己肯定感が人間関係に与える影響

自分を肯定的にとらえる、あるいはありのままの自分を受け入れるということは、さまざまな困難を乗り越えて充実した人生を送るためだけでなく、他人と協調していくためにも必要なことといえます。自分を否定的にとらえると、他人のことも否定的にとらえたり、他人からの言動を被害的にとらえたりすることで、対人関係がうまく成立しなくなってしまうからです。そうなると、コミュニケーションをとることが難しくなってしまいます。

海外の研究では、低学力、少年犯罪、薬物依存、10代の妊娠、自殺などと、自己肯定感に相関があることが指摘されてきました。

日本においても、居場所がなく不安を抱える子どもたちが増えていることが指摘されています。私の外来で診察している小〜高校生（小児の精神疾患）も、自己肯定感が低い子が多いといえます。

私たちの調査でも、ＱＯＬが低いと抑うつ度（気分が落ち込んで、思考、感情、行動に影響が出ている度合い）が高く、ＱＯＬの低下と自尊感情の低下が密接に関係している、すなわち抑うつ度が高いと自尊感情が低くなることもわかりました。

私は、自己肯定感が低いと、人間関係の構築およびその後の人生におけるストレスを乗り越えることが困難になると考えています。些細な体験を延々と引きずりトラウマとなってしまうのです。

●そもそも、親の自己肯定感が低いのではないか

子どもが自己肯定感を保つには、親の影響、とりわけ母親の影響が大きいと考えられてきました。もちろんそれだけではなく、本人自身の要因や、民族性、環境の影響もありま

すが、子どもたちはおもに愛着の形成時期に、母親もしくは父親が自分をどう見ているかで、自分自身の価値を推し量っていることが多いからです。

　母親や周囲の大人が、子どもたちに「悪いところがたくさんあるから直さなければいけない」などと否定的なメッセージを送り続ければ、「できないのは自分が悪いからだ」と思い込んで、自分を受け入れることができず、自己肯定感は低くなります。

　私がＱＯＬ調査をはじめた２０００年ごろから気になっているのは、子育てをしているお母さん・お父さんたち自身が自己肯定感が育まれていない、保てていないのではないか、ということです。

　ＱＯＬ調査では、自尊感情は小学生よりは中学生、中学生よりは高校生のほうが低い傾向があります。中高校生ではほかの国と比較しても低さが際立っていると考えています。自分自身の限界を感じれば自己肯定感は低下しますが、「それでいい」と思うことができれば、それ以上低くなりません。日本の青年は自分自身が「それでいい」と思えないまま大人になり、社会生活を送っているのではないかということです。

　私たちが使用しているＱＯＬ尺度は高校生までを対象としたものですので、高校卒業後は同じ質問では調査できません、大人を対象とした自己肯定感の調査はいろいろありますが、広く一般を対象に行うものは仕事や夫婦生活などについても質問がありますので、単純に子ども版と比較することはできません。

推測の域を出ないのですが、自己肯定感が低い状態で社会参加したり、家庭で子育てを行うことになると、自己肯定感は回復しないのではないかと危惧しています。

私は、母親（もしくは父親）が、自分の自己肯定感が低いことを育児をしながら自分の子どもに投影してしまい（自分自身の特に子どもの頃のネガティブな思いを自分の子どもに見いだしてしまう）、親が子どもを肯定的に評価できないと、子ども自身も自己肯定感が保てなくなるのではないか、と思っています。

特に子どもが幼いほど、親の影響を強く受けやすいといえます。

乳児なら、親がほほえめば子どもも笑います、親が怖い顔をすれば子どもは泣き出します。親子の間に愛情の絆（愛着）が形成される時期には、親の自己肯定感が低い、すなわち親自身が自信を持てずに自分に満足していなければ、子どもをそのまま受け入れることが難しくなり、子どもの自己肯定感も育まれなくなります。親の自己肯定感が低いと子どもにもその影響がおよび、自己肯定感が低くなるということになります。また、親の抑うつ度が高ければ、子どもの抑うつ度も高くなります。

一方で、親はその事実に気づかないか、気づいていても認めたくないという思いが強く、こうあってほしいという理想像を子どもに投影してしまいます。敏感な子どもほど親の要求を感じ取って、その要求に応えようと必死になります。自分の満足よりも親を満足させることを優先する、親の自己肯定感を高めることで何とか自分の自己肯定感を育むということになりかねません。

こうなると自分の肯定的な面だけでなく、否定的な部分にも気づかなくなります。自分自身のアイデンティティーを確立するよりも、親や他人の気持ちを尊重する。日本の子どもは、知らないうちにそのような社会で生活をせざるを得なくなっているというのは、いいすぎでしょうか?

●自己肯定感の低下は幼児期からはじまっている!?

私は、自己肯定感は幼児期にその概念が形成されて育まれていくと推測しています。ところが、自己肯定感を他者が客観的に把握し、確認する方法としては、質問紙(質問に記述で答える)形式で行われるので、その質問の意味を理解し、しかも記述ができる年齢となると、就学時(およそ7歳)以降ということになります。

私たちが調査したＱＯＬ質問紙には、４〜６歳向けのもの（幼児版）があります。質問を簡略化し、インタビュー形式になりますので、子ども本人が質問を理解して答えているかどうかというと、やや曖昧さが残ります。

幼児版のＱＯＬ尺度では、自尊感情の質問項目は「自分のことがすごいと思った・自分が好きだと思った」の２項目で、３段階（ぜんぜんない、ときどき、たいていいつも）で答える方式です。

私は実際に何人かの就学前の子どもに質問を行ってみました。３段階の質問でも、自分のことがすごいとはぜんぜん思わない、自分が好きだとはぜんぜん思わない、と回答する幼児もいました。調査対象が少ないので推測の域ではありますが、この年齢においても自己肯定感が低い子どもがいるのではないかと心配になりました。

自己肯定感の礎《いしずえ》となるのは、自分自身を客観的に評価することです。

幼児期には、外界からの刺激を的確に受け取ることができます。「青と赤の中間の色」「多くの人の笑い声」「生温かい飲み物」などです。ただし、言葉で的確に表現することはまだ難しい年代です。このように、見たもの、聞いたもの、触れたものはその通りに理解することができます。それがどのような意味を持つのか、自分ではどう解釈すればよいのか、どのような反応（コミュニケーションや行動）をとればよいのか、については発達途上です。

このとき重要なことは、「安心できる環境」で、その刺激を処理して自分で解釈していく発達過程の確保です。

たとえば両親がケンカをしていたとしましょう。このとき子どもは、「父の怒鳴り声」「いつもより強い口調の母」「厳しい表情をした父」「涙ぐんだ母」などの情報を受け取ることになります。それでも、「あなたが心配することはない」というメッセージが伝われば、子どもの発達に伴ってその情報を処理していくことができます。

しかし、子どもへのフォローがなければ、「怖い」「心配である」という経験だけが蓄積されます。さらに、子どもが原因でのケンカであれば、自分のほうを見ている、自分に向けられた激しい口調、自分の名前が繰り返される、などから、子ども自身がその当事者であることを把握することができるので、「自分が悪い」というメッセージとして受け取ることになります。

子どもは感覚情報をその通りに把握することはできますし、そのことを記憶することもできます。安心できる環境の中では、不都合な事実は「不要なもの」「解決したこと」として処理することができて、記憶から消し去る（忘れる）ことができます。

しかし、安心できない環境では、「恐怖の体験」「未解決の体験」として残ってしまいます。さらに、親が繰り返しケンカする、街中で男女が口論しているなど、同じような状況に遭遇したときにはフラッシュバック（追体験）を起こして、より鮮明な記憶として残ることもあります。

繰り返しになりますが、幼児期には五感を通して大人と同じように刺激を受け取ることができます。そして、はじめて遭遇する刺激は「恐怖」と感じることが多いのです。たとえば人見知りをする（はじめて遭遇する他人）、お化けの絵、などです。

このとき近くに愛情を持って自分を守ってくれる人がいれば、恐怖感など不快な体験から回復することができるのですが、守ってくれる人がいなければ、未処理のまま成長・発達していき、健全な人格形成が阻害されかねません。

人間の視覚、聴覚などの感覚刺激は、脳の「視床《ししょう》」という部分が刺激を弱めるフィルターの役目を果たしています。いやな感覚刺激から身を守るために必要な働きということになります。

ところが、子どもの脳は発達途上であるため、刺激の量が多すぎたり、強い刺激だったりすると、視床が十分にフィルターの役目を果たすことができず、過剰な刺激は脳の中の記憶をつかさどる「海馬《かいば》」（人の顔を覚える、最近の出来事を覚えているなどの認知的な要素）や「扁桃体《へんとうたい》」（恐怖、不安などの情緒的要素）で保管されることになります。

処理能力を超えた量の刺激は、海馬や扁桃体の機能に影響を及ぼします。必要なときにその記憶が引き出せなかったり、何かのきっかけで大量の記憶がよみがえったりするのです。

このような状態で、成長、発達していくと、安定した自己が保てなくなります。このように、子どものときに受けたトラウマが、心理的にも脳科学的にも多大な悪影響を及ぼすことがわかってきました。

●自己肯定感と自己否定感のバランス

話を自己肯定感に戻しましょう。自己肯定感はどのようにして育まれるのでしょうか？
単に「ほめて育てること」で育まれるわけではありません。私見ではありますが、自分が受け取った情報をきちんと把握して、それを活用できることで育まれていくのではないかと推測しています。このプロセスが、「自分で考えることができた」「自分で理解できた」

図表7　自尊感情の形成に関連する因子

肯定的（能動的）な体験	否定的（受動的）な体験
ほめられる	叱られる、からかわれる
ニーズに応じた教え方	画一的・曖昧な教え方
絶対評価	相対評価（比較される）
話を聞いてもらう	一方的に指示される
適切な役割を持つ	無視される、邪魔者扱い
居場所が確保される	居場所がない
正しいことを教えてもらう	疑問形で反省させる※
選択肢の中から選ぶ	選択肢がない、わからない

※たとえば「そんなことで恥ずかしくないの？」「他人からどう見られると思うの？」などの発言。

という経験になるのです。ほめることは、情報を活用することの動機づけとなるに過ぎません。

ところが「不快な体験」が続き、その処理を親など周囲の人間が行うことになると、「いいことがなかった」「自分は何もできなかった」という経験を重ねることになるのです。

たとえば、「約束した時間を守れなかった」ことを「理由も聞かずに叱られた」とします。その結果、子どもが泣きます。泣いたことでまた叱られ、そのあとで反省させられると、不快な体験の連続になります。このようなことが繰り返されると、本人は「叱られる人間」「反省させられる人間」であり、否定的な感情が強くなります。

わかりやすくいえば、前者が「自己肯定感」、後者が「自己否定感」ということになるでしょう。自尊感情はこのバランスで育まれていきます。前者のほうが後者よりも明らかに多いことで、ほどよいバランスが保たれていきます。その割合は4：1程度がよいという報告もありますが、現在の日本では甘く見て1：1、なかには1：4と逆転していることもあるかもしれません。

もちろん、集団でのルールなど、どうしても教えて守らせることが必要なことがあり、それは子どもには否定的な体験となってしまうこともあるかもしれません。

しかし、十分な肯定的な体験があると、このような体験も本当に必要なことだと実感できる「ゆとり」が生まれます。もし肯定的な体験が少なければ、「いつも指示される」という否定的な感情が強くなるのです。なお、肯定的体験や否定的体験には図表7のようなものがあります。

●叱るのではなく「声かけ」を工夫する

では、実際の子育ての場面では、どのようなことを意識したらいいでしょうか。

子どもが部屋を散らかしていることに親が気づいて、子どもに片づけさせたいと思ったとしましょう。そのときは「片づけなさい」と叱責しがちですが、「床の上のおもちゃを、箱の中にしまいなさい」「脱いだ服は洗濯かごに入れなさい」など、その状況を見て1つひとつ指示する必要があります。

そのとき子どもが遊びに集中している場合には、「ご飯の時間」「お風呂の時間」など、遊びを中断させる言葉がけも必要です。「遊びをやめなさい」などという否定語を含む内容や、「昨日もいったでしょう」という過去を振り返らせる言葉などは避けて、正しい行動がとれるような、具体的で短い言葉がけをするようにしてください。

もう1つのたとえです。子どもが「約束を守っていない」と大人が気づいたとしましょう。約束はどのようなものであっても「事実=情報」ということになります。守れない原因は、「感情=情動」が情報よりも優先しているのです。

たとえば、「帰宅したら手を洗う」という情報も、「すぐにおもちゃで遊びたい」という情動があれば、子どもはそれを優先させてしまいます。このことは個人差はありますが、発達を考えれば幼児期には普通に見られる子どもの様子であり、子どもらしさなのです。

「手を洗いなさい」など約束の内容を具体的に簡潔にいって、その情報を強化するようにしてください。従わないときはあまり強い態度に出ずに、次はうまくできるだろう、そのための準備をしたのだ、と柔軟な発想を持ってください。子どもにとって、そのときに情報を思い出すことが強化できなければ、「叱られた」という否定的な体験だけが残ってしまいます。

幼児期の自己肯定感は、「自分はいいことができたと思う」経験を積むこと、「自分が好きだ」と思える環境にいることで育まれていきます。自己肯定感が育めるよう、1つひとつの言葉がけを工夫してはいかがでしょうか？

もちろん、簡単なことではありません。ご自身が感情的になりそうなときもあるでしょう。そうであっても、子どもにその感情をぶつけるのではなく、誰かに話を聴いてもらう、気分転換をするなどで対処してください。

●QOL調査で見えてくる「家庭」の問題

ここまで、自己肯定感を中心に述べましたが、再度QOL調査の話に戻ります。

QOLを構成する6つの要素の中の1つに「家族」があり、その中に4つの質問があります。その質問は図表8のようなものです。

子どもたちを対象とした調査結果では、小学生も中高生もさほど差はありません。思春期になって大きく低下することはなく、おおむね「ときどき」から「たいていそうである」

図表8　QOL調査の家族に関する質問項目

4．あなたとあなたのかぞくについてきかせてください。この１しゅうかん……	ぜんぜんない	ほとんどない	ときどき	たいてい	いつも
①…わたしはおや（おとうさんまたはおかあさん）となかよくしていた。					
②…わたしはいえできもちよくすごしていた。					
③…わたしはいえでけんかしていた。					
④…わたしはおや（おとうさんまたはおかあさん）にやりたいことをさせてもらえなかった。					

という答えでした。家庭はそこそこ満足であり、自分の居場所であるということです。

全体の調査結果を見るとそうなのですが、個々の結果を見ると例外があります。家庭では気持ちよく過ごしていない、ケンカしている、やりたいことをさせてもらえない、と答える子どもが少数ながら存在しました。

このような子どもは、親子関係に負担を抱えていると考えてよいでしょう。なかには虐待を受けている子どももいます。

日本の子どものQOL調査全体の結果は、自尊感情は低いのが普通、家族は高いのが普通ということになります。自尊感情が低いのは日本の子ども社会全体の問題なのに対して、家族が低いのは個別の事情が潜んでいるのです。

●「家より学校がいい」子どもの家で起きていたこと

1つ事例をあげましょう。Kさんはたまたま在籍していた小学4年生のクラスでQOL調査を受け、その結果を分析を行ったスクールカウンセラーから私に相談がありました。

QOL調査結果を見るとKさんはQOL全体が低いのですが、特に家族の項目が低く、得点が0でした。一方で友だちとの関係は比較的良好でした。担任との関係も良好で、担任に確認すると、担任もKさんのことが、何となく元気がなさそうで気になっているということでした。そこで健康診断の時間を利用して、私がKさんと学校の保健室で面談を行い、スクールカウンセラーも同席しました。

Kさんはなかなか自分で話をしようとしませんので、まずは「家は楽しいですか?」と質問しました。首を横に振りました。次に「家庭と学校とどちらが楽しいですか?」と質問すると「学校」と答えました。家庭ではどんなことが楽しくないかを聞いてみました。そうすると、母親が「弟の面倒を見ない」「宿題をやらない」などいろいろな理由でKさんを叱責し、罵倒したり、暴力を振るうこともあるということです。父は不在であることが多いものの、在宅していると両親がケンカをしたり、同じくKさんを叱責することが多

図表9　Kさんと小学生一般のQOLの得点の差

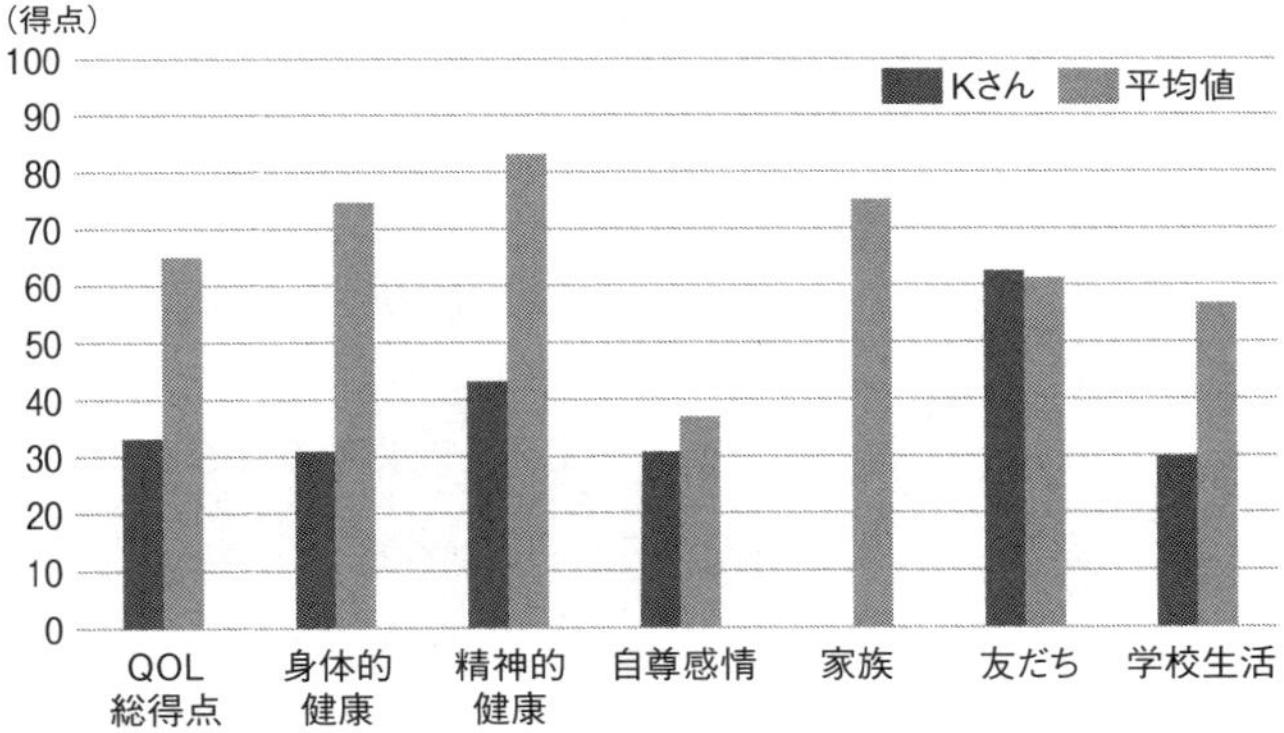

一般的な小学生と比べて、Kさんの場合は家族の得点が0であることが特徴的。

いということでした。

お母さんはKさんが幼いころから仕事をしており、Kさんは母親にかまってもらった記憶もないということです。Kさんが母親からひどく叱られても、そのことを父に話すと、夫婦ゲンカになるか、2人から叱られるから話さないようにしているということでした。Kさんの希望は、母親に自分を叱責したり叩かないようにしてほしいということでした。

Kさんは、この内容を担任の先生にも伝えることを了解してくれました。担任がKさんのことを心配していると伝えると、その日のうちに担任に「母親に注意をしてほしい」と話すことができました。以後は担任とスクールカウンセラーが連携してKさんをサポートしていきました。

まずはKさんに、母親に叱られる前に、仕事で忙しい母親の手伝いをできることからはじめることを約束してもらい、その代わりに担任が母親と話をすることにしました。母親には暴力を振るっているという事実を伝えるのではなく、連絡帳を用いてKさんが学校で努力していることを報告して、ほめることを促しながら母親からの返事を求めることにしました。Kさんは家庭と異なり、学校では元気にしていること、ほめられることが多いことを連絡帳に記載しました。

同時に家庭でも母親の手伝いをはじめました。母親はKさんに関心を向けることが少なかったのですが、連絡帳の返事でKさんを肯定的に見ることができました。家庭での様子も肯定的に見ることができるようになりました。

2～3カ月後には、Kさんは母親から叩かれることはなくなり、少し優しくなったようだ、自分自身の気持ちも落ち着いてきた、などと語っているということです。

私はKさんの母親とは直接話をしていませんが、家事や育児よりも仕事が中心の生活を続けていたようです。家庭に帰っても夫との関係がよくないこと、仕事で忙しい自分自身も家庭で労をねぎらう言葉をかけてもらうことはなかったのでしょう。Kさんには母親に

「ありがとう」と感謝することも促したのですが、「それは難しい」と話したので、母親の手伝いをすることを勧めました。そのことは、母親への「ほめ言葉」以上の効果があったのかもしれません。

Kさんの家庭ほど極端ではなくても、同じような家庭環境の人は少なくないと思います。ご夫婦や親子で、お互いやってもらったことに対して「ありがとう」と感謝の気持ちを言葉で表現することは、簡単にできる「関係改善方法」ではないでしょうか？

私は、母親自身が持っている家族へのトラウマを子どもに投影して、それを「許せないこと」と受け取ることで、抑制が利かなくなり、暴言や暴力に発展したものと考えています。

Kさんが母親に殴られているということを聞いた時点で、児童相談所に虐待通告をすることもできました。虐待が疑われたときには通告する義務もあります。しかしながら、このような母親は対人関係の取り方にも敏感であり、虐待通告を受けた立ち入りの調査ということがわかると、頑なにこころを閉ざしてしまいます。

あくまでケース・バイ・ケースですが、Kさんの場合、担任の先生との関係を維持しながら、親子関係を改善することが望ましいと考えています。

●子どものこころの不調は「親の自己肯定感」が関係している

ここまで、親と子それぞれにおいての自己肯定感の重要性について述べてきました。ではこれから、親の自己肯定感の低さが、子どものこころのトラブルを招いていたケースを紹介しましょう。

●自己肯定感が低かった父親

Lさんは中学2年生の女の子です。Lさんの父親はLさんが幼いころから、絵本の読み聞かせを行う、宿題を手伝う、母親やLさんに希望を聞かずに休日の外出や旅行先を決めたりするといったことが多かったということです。

それまでは「成績がよい」「高価な服」「おいしいものを食べた」など結果がよかったのでさしたる問題はなかったのですが、中学入学後にLさんの成績が下がり、父親が予定した旅行と友だちとの約束が重なったことで、Lさんが「パパ、うざい」と発言しました。

Lさんの父親は驚いてしまいましたが、母親からは「もう中学生だから」と説明されて表面上は納得していたようです。しかしながら、それ以降は「塾に行って背伸びをした勉強をしても将来につながらない」「そんな部活は向いていない」「流行の服ばかり着たがるのはセンスがない」など、Lさんの行動や希望をすべて否定的にとるような発言が目立ちました。最初のうち、Lさんは父親に反発していましたが、最近は顔を合わせない、話をしないようになったということです。

Lさんの父親は子どものころ、自分よりも成績がよく活動的な姉（Lさんの叔母）と、何かにつけて比較されていました。叔母は自分で進路や就職を決めて自立し、海外で生活をして、現在ではほとんどLさん一家や実家とも交流がありません。一方、Lさんの父親は、両親から「自分の実力に合った学校」や「自営の仕事」を先に決められたという思いが強いようでした。

そのためLさんの父親は、自己肯定感が育まれず、「姉のようになってほしくない」「自分の思うような大人になってほしい」という潜在的な意識があり、姉との関係を娘に投影しているのかもしれません。

Lさんの母親はそのことに気づいているようです。Lさんは母親と適宜話をして、父親との距離を取りながら成長していくことでしょう。

●「親のトラウマ」が子どもを育てにくくしていた

Mさんは小学生のとき、最も仲のよかった友だちが車にはねられて亡くなりました。そのとき一緒に歩いていたMさんは、学校側の配慮でカウンセリングを受けており、事故現場や車への恐怖は改善されていったものの、「自分が友だちを守ってあげられなかった」という思いは続いていたということです。

結婚してN君という男の子が生まれました。元気がよく、目を離すと車道に飛び出すような行動が続くたびに、Mさんは小学生時代の出来事を思い出して心配していました。Mさんの夫も「男の子だし、まだ2歳だから無理はない」と真剣に相談にのってくれません。Mさんは育児書を読んだり、ネットでN君の対応について尋ねたりしました。

まもなく3歳なのに落ち着きがないし、言葉も遅いようだ、自閉症ではないかと考えはじめ、そうであれば早期に療育（障害のある子どもの適応力を伸ばすことを目的として行われる医療と保育を並行して行うこと）を開始してN君を育てなければと思い、地域の担当保健師に相談しました。

保健師は一般論として、愛情を持ってN君と接してみることを提案しました。Mさんは事細かにN君の衝動的な行動を注意し、時間のある限り子どもを抱きしめスキンシップをはかることにしました。

N君は、自分のやりたいことを止められると大騒ぎをして反抗し、Mさんのペースで抱きしめられることもいやがる様子を見せました。Mさんはますます N君が自閉症ではないかと心配するようになり、夫とともに私のところを受診しました。

Mさんの夫がいっているように、年齢的に、発達に何ら心配のないお子さんです。Mさんは、一度の診察では納得できないようでしたので、夫にも協力をしてもらい、できるだけ注意をしない、抱きしめるのはN君が甘えたいときだけ、ということを助言して1カ月後に受診の予約をしました。

2回目の診察のときに、Mさんから見ても、N君は以前よりもおとなしくなっていました。子どもが事故にあわないような環境を提供することは、親に求められることではありますが、子どもの行動をすべて押さえることはできません。

Mさんの小学生のときのつらい体験が背景にあることは、夫も気づかなかったようです。Mさんのトラウマ体験については情報を共有し、家族や来年度に入園予定の幼稚園のスタッフと協力しながら、MさんとN君の親子関係を見守っていくことになりそうです。

●発達障害ではなく愛着障害だったケース

Oさんは17歳の高校生です。1歳のときに父親から母親への暴力があったため、父親から逃げるように引っ越し、その後離婚が成立しました。以後、父親とは一度も会っていません。そのころ幼稚園のお絵かきで、Oさんはママが真っ赤な血だらけになっている絵を描いて、幼稚園教師が驚いたことがありました。

Oさんが5歳のとき、母親の愛人との3人の生活がはじまりました。愛人の仕事の都合で3回も引っ越しをしましたが、そのたびに友だちとも疎遠になり、外出せず家庭に閉じこもることが増え、また母親も引っ越し先に慣れるのに時間がかかっていました。

Oさんが9歳のときに母親と愛人との間に弟ができましたが、母親の妊娠を「気持ちが悪い」と素直に受け入れることができなかったということです。妊娠をきっかけに母親は愛人と入籍したものの、その半年後に相手の浮気が発覚して別居することになり、Oさんが10歳のときに離婚が成立しました。

離婚後、母親は弟を託児所に預け、Oさんも学童保育を利用することにして、仕事をはじめました。Oさんは小学校5年生ごろから学校への遅刻や行き渋りが出はじめ、身体が動かせなくなり、表情も暗く外出ができなくなる日も続いたようです。

中学校は校長先生や担任の先生ともうまくいかなかったことから、ほとんど学校に行くことはなかったので、母親も仕事を制限せざるを得なかったということです。

中学担任の紹介で中学校のスクールカウンセラーと定期的に面談を開始。スクールカウンセラーからは近所の児童精神科医を紹介されました。そこでは発達障害とうつ病といわれて、3種類の内服薬を処方されましたが、飲んでも効果がなく、かかりつけの医師に不信感を持っていました。

高校はチャレンジスクール（定時制で3部制、単位制高校。不登校経験者や他校中退者などの生徒をおもな対象とした総合学科の高校で、単位制による幅広い選択可能科目であり、カウンセリング体制や他機関との連携なども特徴）を選択し、近くの児童精神科から私のところに転院しました。

Oさんは、アトピーがあるためにマスクを外すことができない、生活が楽しくない、自分の考えがまとまらないなどという話をしました。母親に甘えたいが甘えられず、また自分のことが精いっぱいというよりは、自分のこともわからないし、自分自身の感情を保つことができないとも語りました。さらに、新たに対人関係を築くのが難しく、「他人が気持ち悪い」ともいっていました。実際、現在交流しているのは、母親と、スクールカウンセラーや一部の学校の教員に限られています。

ここまでで、読者の皆さんにはおわかりだと思いますが、Oさんは愛着障害であり、発達障害の特徴はありませんでした。自己肯定感が育まれず、うつ病の状況ではありますが、背景に愛着障害があると使う薬や対応方法も異なります。抗うつ薬を飲むことと、母子ともに外来を受診して、少しずつ過去の父親からの心理的虐待（母への暴力を目撃して育ったこと）を清算していくことが重要であると考えました。

ある日の外来で、Oさんが学校行事で都合がつかず、母親のみ来院しました。以前から母親のことも気になっていました。外来では喜怒哀楽を示さず、Oさんの相談のときも何となく真剣さに欠けた様子であり、育児困難のトラウマタイプ、あるいは抑うつタイプを感じさせたからです。

Oさんの様子を確認したあとで、「差し支えなければ、お母さん自身が抱えている心配事や、そのことと関係する出来事があればお話しいただけますか」と質問しました。すると、中学生から高校生のときに叔父から性的虐待を受けていたが、誰にも相談できなかった。父も母もそれに気づいていたにもかかわらず、叔父からは生活の援助を受けていたためか見て見ぬふりをして、誰も信じられなくなったことを話してくれました。Ｏさんの母親は危惧した通りトラウマタイプの育児困難がある上に、２人の結婚相手にも暴力を受けたり裏切られて依存する相手もなく、１人でＯさんと弟を育てていくことになったのです。

母親はＯさんには直接その事実を話してはいないものの、Ｏさんも気づいているようで、何気なく「お母さんも男運が悪いね。お母さんが悪いわけではないけど」ということもあるようです。Ｏさん自体に余裕が出てきたら、母親の話を聴いて、母親のこころを支えることができるでしょう。また、Ｏさん自身も母親の支えを必要とします。

このような状況では、ＯさんもOさんの母親もともに相談対象となる人が必要です。Ｏさんは高校のカウンセラー、医師、そして母親がいます。ところが母親の相談相手はＯさんだけです。その上、仕事をしながらＯさんと弟を育てていかなければなりません。Ｏさんの母親の場合は実家を頼ることもできず、新たな対人関係を築くのが難しい状況で、支援が長続きしないこともあります。

Ｏさんの母親は自己肯定感が低い状態です。自己肯定感が低いと、夕食のおかずや子どもとの外出先などちょっとしたことでも「これでいいのだろうか」と疑問に思わずにはいられませんし、うまくいったことはさほど気にはとめず、うまくいかなかったことは「自分のために失敗した」と、その行為を引きずってしまいます。

高校に入り、Oさんの通学はそこそこ順調のようで、学校などの予定があり外来に来られないこともあります。Oさんの診察の時間なので、本来は母親とはOさんに関係した相談だけになりますが、母親の話を聴くことにしました。

先ほどのように、母親が自分自身の言動を否定的にとらえていると、「それでいいと思いますよ」「失敗したと思わずに、次はうまくいくということを考えるようにしましょう」などとアドバイスしました。つまり母親の自己肯定感を育むことで、二次的にOさんの支援にもつながるということです。

ただし、いつまでもこのようなことが続くわけでもありません。タイミングを見て、母親に主治医を紹介するなど、母親自身の支援者を探していくことにしました。

●親の育児困難からひきこもりになった子ども

Pさんはてんかんがあり、私の外来に通院していました。

てんかん発作はずっと落ち着いていますが、高校在籍中に気分の落ち込みが強くなり、高校は何とか卒業できましたが、進学や就職もせず外来で抗うつ薬を処方しながら経過観察をしています。本人はこのままではいけないと、ネットで家庭内でできる仕事（本人は内職といっていました）を探していたところ、仕事ではなくネットオークションに夢中になり、かなりの商品を購入し自分では支払いができないという相談がありました。

母親と相談し、家庭ではネット使用は家族の前だけに限定すること、家庭外で短時間できるアルバイトを探すように勧めました。その助言通り、Pさんはネットオークションへの参加をやめて、近くのスーパーマーケットでアルバイトをはじめました。

それまで付き添って来院していた母親が来なくなりました。「今日、お母さんは？」と尋ねると、恥ずかしそうに「お酒を飲んで寝ています」と答えました。

その様子を確認すると、家庭の中では父母間の会話がなく、母親はうつ病で仕事に専念できない父親の分まで働くことが多く、ストレスを解消するためにアルコールを飲むことが増えてきました。だんだん酒量が増えて日中から飲む状態になると、さすがに父親もPさんも母親を心配し、専門医の受診を促すものの、継続的に診察を受ける状況にはならなかったということです。

父親も家にいることが多く、日中から父母とPさんの3人が自宅にいることが多くなりました。Pさんの体調は回復し、もっと仕事を増やしたいと思っているのですが、リビングで酒を飲みながら寝てしまうため家事が十分にできない母親に代わって、家事はPさんがほとんどやっているということです。Pさんには兄がいるものの、すでに独立して同居はしていません。

Pさんに「まずは自分のことを考えては」とアドバイスするものの、「母親は自分がいないととても生活ができないので心配です。いくらアルコールをやめるようにいっても、母親はやめることができない。それでも母親をほうっておくわけにもいかない」といって、アルバイトを増やすこともできていません。

Pさんは、うつ病やネット依存の状態からの回復を母親に支えてもらいました。そもそもその背景には母親のアルコール依存がありました。Pさんは、仕事をはじめて自立を目指すことよりも、母親を支えることにしました。しかしながら母親の治療はまったく進んでおらず、Pさんは母親を守るために、あえて自立しない状況が続いています。

Pさん本人は、現在は症状も改善しています。一方、母親はアルコール依存症の状態が続いています。Pさんは今まで育ててくれたのだから、父親も兄も頼りにならないので自分が母親を見るしかないと決めているようにも思います。短時間の仕事をしていますので、「ひきこもり」とはいえないまでも、親が心配で長い時間家を空けることができず、いつのまにかサポートされる側がサポートする側になってしまったということができるでしょう。

●母親の育児困難を改善させた「子どものトラウマ」

Q君の母親は裕福な家庭で育ったものの、友だちとの交際については父親が細かく意見をし、特に男性とは親密につきあうことを許してもらえませんでした。一方で、陰で愛人と交際している父を内心許すことができず、親元を離れて暮らしはじめると、緊張の糸が切れたように自由に恋愛をしていました。

自分は何をやっても親に認めてもらえないという母親の低い自己肯定感があり、相手のことが本当に信頼できるかどうかというよりも、自分の寂しさを紛らわすために男性とつきあっていたのでしょう。つきあいはじめた彼氏との間にQ君を設けたものの、入籍することなく別の男性のもとで暮らすことになりました。

それも長続きせず、さらに別の男性と暮らすことを選びました。ところがその男性が別の女性と親密になっていることを知ると、Q君の母親は一気に自分の父親の姿と相手の男性を重ねてしまい、以後は自分１人でQ君を育てていく決心をしたということです。このときQ君は幼稚園児でした。Q君は自分の父親のことはもちろん、母親の2人の愛人のことも記憶にないということでした。

Q君は神経質な子どもで、学校での友だちや担任の些細な言動を過剰に受け止めて体調を崩し、イライラして母親に当たることが増えてきたため、私の外来を受診しました。イライラが強いとQ君は母親に暴力を振るい、耐えかねた母親もQ君を叩くため、Q君には頓服《とんぷく》で安定剤を処方しました。一方で父親の存在を知らないQ君は、話を聴いてくれる男性の担任や学童保育の若い男性指導員などを慕っていました。

Q君が小学6先生のときのプールの時間の出来事です。同級生の女の子が見かけのかわいいQ君の体をプールの中で触り、自分の体を近づけてきました。

その日、Q君は帰宅後に激しく興奮し、大声で泣き叫びながら手当たり次第にものを投げつけました。Q君が幼稚園入園前のことで記憶はしていないのでしょうが、家庭の中での母親とパートナーの行為と重ね合わせたのかもしれません。その後、学校のプールには参加できなくなり、母親とプールや海水浴に行くときもウエットスーツを身につけないと安心できなくなりました。また、プールで着替えるときも心配で裸になることが難しく、タオルを重ねて着替えていました。

自宅に帰ったあとは体を何回も洗い、それでもまだきれいにならないと怒って、風呂場のシャワーをお湯が出たままの状態で浴室外に投げ出して、廊下を水浸しにしたこともありました。その出来事のあと、しばらくの間は精神安定剤を連日内服することにしました。

Q君は中学に進学しました。日常生活には特に心配がなく通学もできており、精神安定剤も自分の判断で飲んだり飲まなかったりという状況です。

ただし、トラウマ体験からの回復はできておらず、同級生、特に女子と肌が接触するようなことがあると耐えられないといっていました。また、同級生の男子中学生が異性のことに興味を持ち話題にすることを「あいつらは信じられない」と、話に加わることもないようです。

その事件について同級生には知らされず、加害者の女子児童とも別の中学に進学しています。事件当初、Q君の母親は、相手の女の子とその保護者に強い怒りの矛先を向けていましたが、Q君が幼いころの自分の行為が影響しているのではないかと考えて自責の念が強くなってきました。Q君には内緒にして、母親のみが外来を受診しました。母親は「Qはこれから大人になって、普通に恋愛をして結婚することができるのでしょうか」と涙ながらに話しはじめました。私はこのように説明しました。

「将来のことを心配しても仕方がありません。今後、Q君の回復力を信じて、あわてないで見守ってください。お母さんが悪いと思ってもQ君はよくなりません。むしろQ君はお母さんの分も心配することになるでしょう。プールの出来事は交通事故のようなものと考えてください。そのこと自体は当該女子児童が悪いのは間違いありませんが、Q君はナイーブな性格であり、それを引きずっています。Q君やお母さんの性格を変えようとしたり、過去の出来事を振り返っても、よい方向には向かいません。Q君の今の状態を受け入れながら悪い出来事を乗り越えることができれば、きっとよい出来事や出会いもあるでしょう」

もともとQ君の母親は、トラウマタイプとうつ病タイプの育児困難を持ち合わせていました。パートナーとの協力体制が整うこともなく、Q君の育児がはじまりました。ところが、まずは自分自身に降りかかった出来事で、Q君をしっかり養育する決心をしました。さらにQ君に大きなトラウマとなる出来事が降りかかると、自分がQ君を守り育てるという思いが強くなりました。

しかしながら母親の子どもへの思い入れが強すぎると、母が子どもに過剰に干渉するなどの歪みが出てくることもあります。子どもはしっかり治療の軌道に乗せること、自己肯定感の低い母親にも、時には適切な助言が必要でしょう。

●子どもの不調の陰にあった、母親の自己肯定感の低さ

女子高生のＲさんは、頭痛や腹痛があり起立性調節障害ということで、別の外来担当医にかかっていました。たまたま担当医が急用で診察できないということで、私が代わりに診察をしました。

担当医が処方している薬を同じように出してよいかと考えて「変わりはないですね」と確認すると、その薬は飲んでも効果がないので飲んでいない、という予想外の答えが返ってきました。そして、頭痛や腹痛が強いときに飲む頓服の薬はあるが、毎日飲む薬が欲しいと訴えてきました。「それでは次回、○○先生（担当医）に相談してください」と話をすると、以前、担当医から出された薬が効かないので、一度にたくさんの量を飲んだら救急病院に搬送され、以後担当医からは（安全性の高い）起立性調節障害の薬だけ処方され、ほかには頓服薬を出されているということでした。

どう対応しようか、以前のカルテを読み直しながら考えていると、「次は先生の予約を取っていいですか？」といわれ、再診することになりました。

次にＲさんが来たときに、今一番困っていることを確認しました。「ときどきパニック

を起こして、記憶がなくなることです。」と本人。2回目の診察になるので、過去のことも確認しました。「いつごろからですか？　きっかけになった出来事はありますか？」。そうすると、父から母への暴力が原因で、Rさんが小学3年生のときに両親が離婚したこと、それまで家庭での楽しい出来事はなかったこと、そのころからRさんはいじめの対象になったことなどを話しはじめました。Rさんが薬が効かない、早く効いてほしいので大量に薬を飲んだというエピソードとの関連がわかりました。

それまでの担当医は何回も交代になり、身体の症状について話をするだけであった、といっていました。今までの話を詳しく聴いてもらうだけで、Rさんは安堵《あんど》の表情を浮かべました。かなりの時間をかけた診察になりましたので、2回目の診察は終了とし、今後しばらくは私の外来に通ってもらうことにしました。

3回目の外来でRさんの症状について確認しました。記憶がなくなるのと同時に、昔のことが昨日のことのように鮮明によみがえることがある、ということでした。それはトラウマを体験した人に見られる現象であること、安全で安心な環境であれば、トラウマから少しずつ回復していくことなどを説明しました。

現在の安心できる環境で起きたことではなく、過去の出来事であること、そしてRさんは被害者であり責められるようなことではないこと、Rさんが悪いことはないことなどを説明しました。

Rさんは治療薬の内服を希望していました。Rさんは治療薬を使用しなくても回復する力があること、薬の効果は限定的であること、突然大量の薬を飲むことを避けるには、薬を親に管理してもらうか、万一大量に飲んでも強い副作用が出ない薬にすること、などを説明しました。Rさんは安全性が高い薬を自分で内服することを選択しました。

4回目の外来で、Rさんの学校のことについて話をしました。小学校、中学校でのいじめなどつらい経験があり、一時期不登校状態であり、高校には進学せず、現在はフリースクール（不登校の生徒が通うところで、家庭外の学びの場や子どもの居場所となるものの、高校卒業の認定は取れない施設）に通っているということでした。必要であればその後、高校の卒業単位を取ることも希望しています。「目標があるのはいいことです。まずは体調を整えましょう」ということで、次の外来の予約を入れようとしたところ、今度は付き添っていた母親が話をはじめました。

Rさんの母親は、小さいころから不安が強く、電車に乗ると人ごみが耐えられず、突然トイレに行きたくなるのが心配で、長距離の移動や、停車駅の少ない急行や特急には乗れないということでした。Rさんの母親はそのことを実家の両親に相談したものの、「気にするな」「大人になれば治る」といわれたり、子どもができたあとも、離婚したあとも、「自分の責任で頑張るように」といわれて実家の両親を信用できず、結婚後のつらい時期でさえ頼れなかったようです。母親はメンタルクリニックを受診したものの、診察が混んでおりいろいろ話をする状況ではなかったということで、漠然と安定剤を処方されるだけで治療は長続きしませんでした。

結婚後も細かいことが気になり、夫にたびたび確認をすると、次第に夫がキレて暴力を振るうようになったということで、Rさんと2人で常に家庭の中で怯えていたということです。Rさんはそのときの記憶はほとんどない、母親に甘えた記憶もないということでした。夫の暴力から逃れるときにも、母親の実家を頼るのではなく、離婚が成立するまでシェルターを利用していました。現在でも母親は実家とは疎遠になっていますが、相談できる友だちや職場の同僚もいるということです。

Rさんの母親も、実家では自己肯定感が育まれないまま育児をはじめることになりました。両親が離婚しDVの環境から逃れると、周囲のサポートを受けながら仕事と子どもの養育を両立させていきました。ただし、子どものための相談機関を探していたのですが、信頼できるところが見つからず、またＲさんの大量服薬の事件もあり、治療がはじまるまでに時間を要してしまいました。

一方のＲさんは、

①ＤＶがある家庭で育ったため心理的虐待を受けていたということができる
②母親が強迫・不安タイプの育児困難を抱えていた
③母親に甘える環境になく、愛着形成も不安定
④小学校、中学校でいじめを経験している

ということで、乳幼児期や小学校の多感な時期に、家庭でも居場所がなく、いくつものトラウマ体験となり得るストレスを抱えていました。

幸い両親が離婚したあとは、母親がしっかり守ることができているようです。それに伴って、安心できる場所で過去のトラウマ体験を処理する段階で、予期せぬときにフラッシュバックや、自律神経の不調に陥ってしまうのが現在の状況です。

Ｒさんには、回復過程にあること、Ｒさんも母親もこの体験を乗り越える力（専門的にはレジリエンスということがあります）があることを説明して、経過を観察しています。

●親子で自己肯定感を高めるアプローチを

私は外来で子どもの患者さん（否定的な感情が強かったり、抑うつが強い「うつ病」や「トラウマ体験」のある子ども）を診察していますが、その親御さんも同じ傾向の人がいます。お子さんは臨床的に診断し、薬物治療や精神療法を行っていますが、時には親御さんにも同じ対応が必要かなと思うこともあります。

もし、自分を肯定的に見ることができない、否定的な発想が浮かんで消えないようなことがあれば、親御さん自身がうつ病などの状況かもしれませんので、一度医療機関で相談してください。

親の自己肯定感が低いと、自分を肯定的に受け止めることができなくなります。そして子どもを肯定的に見ることが難しくなります。

先ほど述べたように、幼児期の子どもであれば「親が困った顔をしている」「楽しくなさそうだ」などの表情を読み取ることができます。しかしながら、発達途上の子どもには、その理由や背景を理解することが困難です。そうすると自分も「困っている」「楽しくない」と受け取ってしまうのではないでしょうか？

自己肯定感の低い親から否定的なメッセージを受け取った子ども――当然のこととして、その子どもの自己肯定感は低くなるでしょう。

子どもと同時に、親も自己肯定感を高めていくアプローチが必要です。

第4章

「いい親」「いい子」じゃなくても大丈夫

—子育てがラクになるヒント—

●育てにくくて当たり前、育ちにくくて当たり前

子育てをしている人は「いい親」でありたい、「いい子」に育ってほしいと願うのは当然のことです。しかし「いい親」「いい子」の判断基準は実は親自身にあるといえます。そして現在の社会では、いい親・いい子と実感しにくい環境にあるといえるのです。

ここ数十年で、社会は今まで経験のない速度で変化してきました。多くの人にとって便利で快適な生活ができるようになってきました。一方で地球温暖化、格差社会、過重労働、睡眠時間の減少と睡眠負債など、便利さと引き換えに生じた弊害も生まれています。

一般に、弱い立場の人ほど便利さの恩恵を享受しにくく、また好ましくない影響を受けやすくなります。子どもや高齢者、妊娠中や小さな子どもを育てている女性、障害がある人などは社会的に弱者となります。最近はそれだけでなく、少数意見の人もネット上で激しい攻撃にさらされることが増えているように感じます。

子どもをベビーカーに乗せて街中を移動する光景をよく目にしますが、電車やエレベーターの中では、ベビーカーが他人に触れないか、子どもが泣き出したら迷惑がられるのではないかと、親は子どもよりも周囲の人に気を使わなくてはいけません。そのような状況

で、周囲に気を使いながら子どもをあやす……。子どもが泣き出すと親も泣き出しそうな顔になったり、だんだんと険しい表情になったりします。

本来、自分を守ってくれる親が困惑している、代わりに見知らぬ人が自分に近づいてくる、あやす人もいれば迷惑そうな視線の人もいる状況は、子どもにとって不安で不快な経験となってしまうでしょう。

子どもがストレスを感じやすい環境で育つと、「いい子」「よい自分」と思うことが難しくなります。子どもがそのような環境で育つと、大人になっても自信が持てません。自信がないと「いい親」と思うことも難しくなります。

「いい子」「よい自分」と思えないまま社会人になり、子どもができて子育てを行うことになる。これでは「いい親」と思えないし、子どもにその感情を投影すれば「いい子」と思うことも難しくなります。

自分が「いい親」と思えるには、子どものときに「よい自分」「自分はこれでよい」と思えることが大切です。「いい親」でなくても大丈夫と思えるような「よい自分」を発見することと、自分で発見することが難しければ、パートナーや友だち同士でできるだけほめ合ったり認め合ったりしてみましょう。「自分はこれでいいんだ」と思うことができれば、子育てのエネルギーにもなるのです。

「いい親」じゃなくても大丈夫、「いい子」じゃなくても大丈夫です。そう思うことができれば、子育てがラクになるヒントが見つかります。

この章では、親御さんからいただくことの多い子育ての悩みについて、小児科医・小児精神科医の立場から解説していきたいと思います。

現在、育児困難を感じている人も、そうでない人も、参考になるはずです。

Q1 子育て本をたくさん読んだり、食べ物や衣類など身のまわりのものに気を使っていますが、なんだか疲れてきてしまいました。

A1 多様性という言葉をよく耳にするようになりました。1人ひとり、性格も育った環境も、影響を受ける人も異なります。

ところが、子育て本やネットで得られる情報では、ほとんど「多様性」に対応していません。「発達障害とは○○である」「3歳の子どもは○○ができる」「男の子は○○に興味を持つ」などです。真面目《まじめ》な人ほどその通りに実践しよう、実践しないと心配であると考えがちです。

「ADHDの子どもは落ち着きがない」という情報にとらわれると、「どうしてうちの子は落ち着きがないのか」→「ADHDだからだ」と、個別の状況を踏まえることができなくなり、1人で心配事を抱えることになります。身近な人に相談してもさらに心配になることもあるでしょう。

ある食べ物や素材が子どもにいいといわれていても、その子にいいかどうかはわかりません。いいものだとしても、味、におい、色調などで子どもがいやがることもあります。無理強いするとますます拒否反応が強くなります。無理強いする必要はまったくありません。育児書通りに子どもが育たない……。むしろそのほうが普通ということもできます。

先ほど「親と子どもの関係性」という話をしましたが、親がストレスを感じて燃え尽きてしまうと、子どもは大きくその影響を受けます。楽しくない、何か心配なことがあると受け取り、神経質な子どもは「自分が悪いのかもしれない」と考えてしまうかもしれません。親も子どもも1人ひとり違います。そうすると親と子どもの関係も千差万別です。子育て、親子関係も多様性を認めるような社会になってほしいものです。

子育てに疲れを感じたら発想を変えてみましょう。子育ては「頑張るもの」ではなく、「楽しみを見いだすものだ」ということです。

「これだけ一生懸命なのに、子どもがそれに応えてくれない」「周囲から感謝されないし理解もない」……。これを「子どもに手がかかるのは当然、子どもらしくてよい」「周囲からは任されている」と考え方を変えてみるのです。

身近な人に相談しながら、時にはこころと身体をひと休みさせることも必要です。燃え尽きてしまったら元も子もありません（本来は元金、利子という意味です。親と子すべてにとってよくないと考えることもできそうですね）。

頑張りすぎないほうがうまくいくことだってあるのです。

Q2 本やネット、人の話など、子育てに関する情報を知るほど「自分はその通りにできていない」と不安を感じています。

A2

ネットの情報は参考になるのかという議論はさかんになされています。現代では、インターネットで知りたい情報を検索・取得することがごく一般的になりましたし、手早く情報を得ることができます。ネットでキーワード検索を行うと、おびただしい数のサイトがヒットします。絞り込み検索を行いますが、それでもとても全部を調べることはできませんし、絞り込んだつもりでも自分の知りたい情報が曖昧になったり、別の話題に進展することもあります。

通常は検索上位から順番に見ていくことになります。ある専門家が、自分の専門分野についてのサイトを検索し上位にあったものを調べると、信用できるものはその中のせいぜい3割くらいだといっていました。今では否定されている要因や、誤解を招きやすい表現、きわめて主観的な内容がほとんどだったそうです。

しかしながら、検索する側はどれが正確な情報かわかりません。まず、得られた情報の利用方法は、保護者や当事者本人と、教師・保育士・祖父母・知人などでも異なります。2～3冊の本に絞って調べる、知人の中で詳しい人や最も頼れそうな人に相談することもできるでしょう。

検索や相談の仕方はさまざまな類書に記されていますが、調べた情報の通りに子育てができていないと心配になったときにどうするかということが重要です。

一般論ではありますが、1回では判断しない、さまざまな状況を複数回にわたって総合的に相談する、同じことを何箇所かに分けて相談するのではなく、1箇所でもよいので多くの場面、状況を説明していく。その際負担になるようであれば、新たな情報はなるべく確認しないこと、などで対応してはいかがでしょうか?

Q3 愛着障害という言葉をよく聞くようになりました。愛着を確立するには、どのようなことが重要なのでしょうか。

A3 愛着とは、ある人間とほかの特定の人間との間に形成される愛情による絆(人と人との結びつき、支え合いや助け合い)のことです。一般には乳幼児とその母親との情愛的結びつきを指します。乳児は母親に対して授乳などの生理的欲求だけを求める無力な存在では

図表10　愛着の発達の４段階

第１段階（誕生から12週までの前愛着段階）
　特定の人（母親）とほかの人と区別はできないが、人を目で追う、人の顔を見るとほほえむ、泣き止む、などの人間志向の行動が見られる。
第２段階（12週から6カ月までの愛着形成）
　母親的人物に喜びを伴う社会的反応を示す。
第３段階（6～7カ月ごろから2歳ごろまで：明瞭な愛着段階）
　母親の後追いをしたり、探索行動の基地として母親を活用したりする。
第４段階（3歳前後から：目標修正パートナーシップの段階）
　母子間に永続的な結びつきが形成される。

なく、「後追い」や「しがみつき」などの行為で積極的に親に働きかける存在でもあります。

　心理学者のJohn Bowlbyは、愛着について4段階に分けています（図表10）。特に、第3段階（乳児期後半から2歳くらいまで）が重要な時期と考えられてきました。

　この時期は、子どものほうから愛着を持つ人への働きかけが盛んになり、探索行動といわれることもあります。子どもからの働きかけには十分に応えて、子どもに安心、安全という避難基地を提供してください。

「こんなふうに育ってほしい」という親からの働きかけはできるだけ控えて、子どもからの働きかけに応えるようにしてください。遊んでいるときの見守りだけでなく、失敗、恐怖、不安を感じたときに、いつでも守ってあげられる場であることが重要です。

愛着形成は、対人関係の基盤、情動のコントロール、社会的な行動の支え、自己肯定感を育むばかりでなく、その後のストレスからの防波堤としても機能しています。愛着形成は幼児期以降に子どもが直面するさまざまな困難な状況を乗り越える基盤となるのです。まずは親と子どもの愛情の絆である愛着形成を確実なものにしましょう。

愛着形成は基本的に母親との間で形成されます。しかし、母親だけが頑張るのではなく、母親をいつでもサポートすることができる人の存在が欠かせません。パートナーである父親がその役であることが理想です。

さまざまな理由でそれが困難であるときには、祖父母であったり、きょうだいであったり、友人知人など、母親が頼れる人の存在は欠かせません。母親が一生懸命育児を行っても、父親が母親を叱責したりケンカしたりすると、子どもにも不安感を与えて、家庭が安心・安全な場所でなくなります。父親は、育児を行っている母親に寄り添い、支えてください。

愛着障害とは、こころの居場所がない環境で育った子どもの状況を指します。物質的に恵まれているかどうかは関係ありません。何1つ不自由のない暮らしでも、こころの居場所がなければ愛着障害になり得るのです。幼少期に愛着が形成されない状況では、対人関

図表11　愛着形成の基本

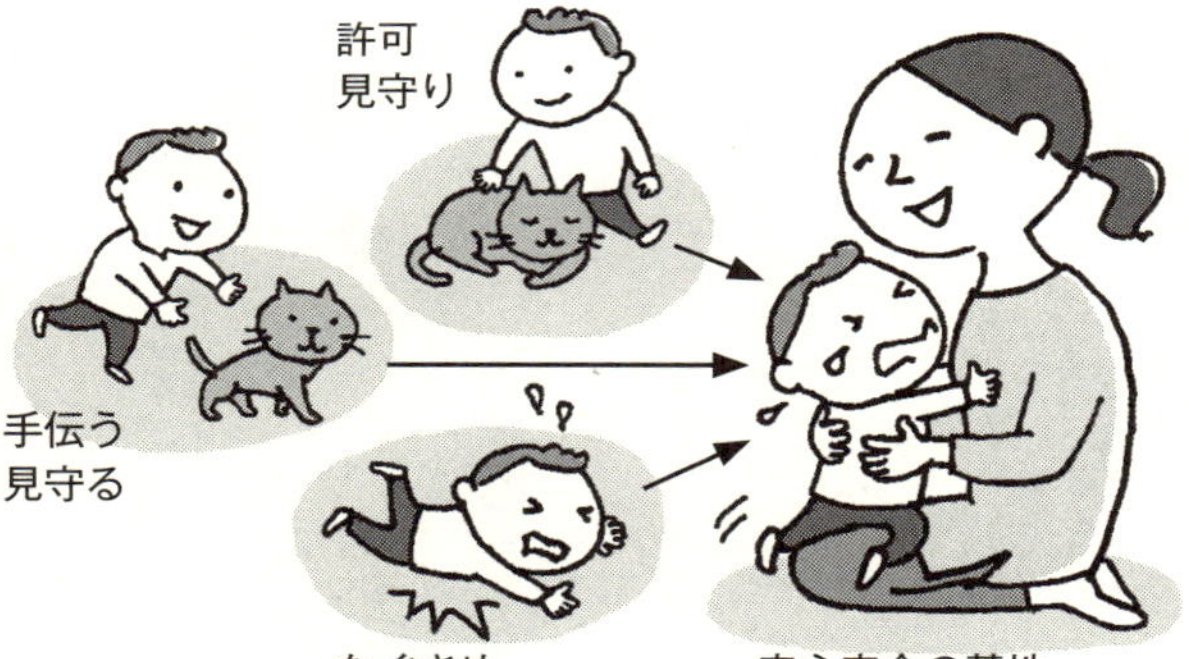

係がうまく築けない、気持ちをコントロールすることが難しい、集団に合わせた社会的な行動をとることができない、自己肯定感が育たない、幼児期以降のストレスを乗り越えることができずにトラウマ体験を繰り返しやすい、ということになります。トラウマ体験を繰り返すことで、生活上さらにいろいろな困難を呈しうるのです。

Q4　子どもの問題＝子どもだけの問題なのでしょうか。それとも、親や家族の問題としてとらえたほうがうまくいくのでしょうか。

A4　保育士、保健師、教師など、子どもにかかわる職種の人たちから、このような質問を受けることは珍しくありません。

さまざまな状況が考えられますが、問題ととらえられていることは原因に対する「結果」ということができます。結果＝単に子ども個人の問題ととらえるのではなく、原因があって結果が生じるととらえる。それが解決の基本です。

育児困難に陥りやすいタイプの人など、親自身の問題であることもあります。これは親が過剰に心配しているということで、その人たちが問題と考えている子どもの言動がさしたる問題ではなく正常範囲ということになります。ほとんどが原因と結果の因果関係、すなわち「親と子どもの関係性の問題」であるということができます。

原因と結果の組み合わせも両者が絡んできます。子どもが何らかの理由で問題と思える行動を起こす（原因）。そのことに対して親が子どもの希望と異なったことをやることによって、より問題と考える行動が激しくなるか、別の問題行動を起こす（結果）ということもできます。

子どもの問題行動を「結果」ととらえて結果のみの解決法を考えるのではなく、原因を考えて親の対処法を変えることで、結果をなくす、あるいは軽微にすることができるのです。

具体的な行動で考えてみましょう。「子どもが激しい癇癪を起こす」と親が訴えます。

どのように対応するのか、親の話を鵜呑《うの》みにして子どもだけの問題と考えれば、発達障害ではないかと考えることになります。親から見た子どもの状況だけで発達障害を疑い、医療機関受診を勧める保育や教育の関係者も少なくありません。

　これを「親と子どもの関係性の問題」とするなら、子どもにかかわる職種の人は、まずは親自身の対応について何かできることはないのか考えてみることです。このとき、決して「親の対応が悪い」というメッセージは残さないようにしてください。親が子どもに怒りをぶつけないこと、子どもや自分の気持ちに注目することを助言するだけで、子どもの癇癪はかなり改善します。

　また、親が問題と考えている子どもの行動について、親は子どもを叱る前に、子どもがそのような行動をとる背景について考えてみましょう。その際、子どもの立場で「させられた」という受け身の体験を思い浮かべてください。たとえば「遊んでいたのを突然中断させられた」「嫌いなものを無理に食べさせられた」「今、片づけようと思っていたのに叱られた」などです。

　これを可能な限り自発的な体験、「自分で遊びをやめることができた」「頑張って食べた」「片づけができた」と子どもが思えるようにしてみましょう。自分でできたことをほめられることは、指示されたことができてほめられるよりも、子どもにとってはうれしいことです。そのためには親自身がこころにゆとりを持つことが大切ですね。

Q5 子どもが座ってご飯を食べない、ダダをこねる、癇癪を起こす…といったことがよくあり、忙しいとつい感情的になってしまいます。

A5 原因と結果を考えるに当たり、まず子どもの正常発達の特徴について把握しておきましょう。

子どもは精神発達よりも運動発達が先行します。わかりやすくいえば、後先のことを予想することができずに行動してしまうということです。子どもらしい天真爛漫さということができます。

ハイハイするようになると、部屋中を移動することができます。しかし、部屋の中にある危険物はわかりません。たとえば10円玉が落ちていたとしましょう。口に入れてはいけないものとわからず、興味を持ち、手を伸ばしてそれを口に運ぶこともあります。これが誤飲につながるのです。歩けるようになるとお風呂場に行くこともできます。お風呂にお湯を張ったままだと興味を持ちのぞき込むことがありますが、バランスを崩して溺れるという危険には気づくことはできません。外で遊んでいるときは、夢中になって周囲の状況がわかりません。交通安全の標語に「飛び出すな。車は急に止まれない」というものがありました。

これは発達の段階を考えると、幼い子どもには無理なことになります。ポイントは「その都度注意をしたからわかる」ということではありません。精神発達がその要求を理解して次の行動を抑制することはできないのです。子どもには親に叱られたというメッセージしか届いていません。

むしろ、「叱る必要がない環境」をこころがける、すなわち危険な状況を予測して、それを排除しておくことが優先です。子どもがハイハイするようになったら手の届くところには危険物を置かない、歩けるようになったら危ないところに入れないようにしておく、外遊びのときは周囲の危険物や子どもの行動を見守っておく、などです。

では、何歳ごろから、注意されたことを繰り返さないようになるのでしょうか。このときのポイントは、時系列にものごとを理解する精神発達ができているということになります。

具体的にいえば、

①過去を振り返る

②現在の状況と比較する

③未来に備える

すなわち、過去、現在、未来と時系列に考えることができるかどうかです。

たとえば、

①昨日花瓶を引っくり返して叱られた

②昨日と同様に今日もテーブルの上に花瓶が置いてある

③花瓶を引っくり返すと叱られるから、引っくり返さないように注意をする

ということです。

これはある日突然できるようになるのではありません。失敗を繰り返しながら成功する回数が増えていくのです。

もう1つのポイントは、個人差があるということです。現在、過去、未来の概念は2歳

から４歳ごろにできるとされていますが、行動面に反映させることはもう少し遅くなります。注意欠陥・多動性障害の子どもは、さらにそれが遅いのが特徴です。まずは個人差があることを理解してください。

忙しくて親が冷静に対処する余裕がないときは、まず精神発達年齢を踏まえて、細かいことは叱責しないでください。叱責することによってさらに面倒な結果として問題行動が出ることもあります。

その上で、やってほしいことだけ手短に注意をします。「座りなさい」「静かにして」などです。「立ち上がらないで」「二度とやらないで」などと否定語を使うことや、図表７でも紹介したような「誰かが見たら恥ずかしいでしょ？」という疑問形や、「幼稚園の先生に叱られるでしょ」など、直接その場に関係ない表現も避けましょう。

自己肯定感の低い人は、わかっていてもつい否定的体験となる伝え方をしてしまうことがあります。そしてそのことに気づいたらすぐに謝るということを繰り返すため、かえって子どもが混乱してしまいます。こうしたよくない伝え方をしてしまったと気づいたら、時間のあるとき、できたことをほめるなど子どものことを大事に思っているというメッセージが届くようにしてはいかがでしょうか。

どうしても注意しなければならないときには、正しい行動がとれるように指示しましょう。約束を守らない、ダダをこねる、いうことを聞かないと親が思っていても、子どもはまったく気がついていないことがあります。約束を守らないことの中身を具体的に示して、「箱の中にしまう」「手を洗う」「着替える」などと言葉にして、時間の余裕がなければ子どもの行動を手伝って蒸し返さないようにしましょう。

常日頃から、子どもにとってほしい行動を伝えておきましょう。食事の前に手を洗う、午後9時には寝る、などです。そうすると約束を守らない、ダダをこねるときに「手を洗いなさい」「午後9時は寝る時間」など簡単な指示を強く出すことができます。

同時にできたときにほめておくとよいでしょう。そうすると、自分で考えて正しい行動がとれるようになります。余裕があれば、子どもが間違ったり失敗したときに、正しい行動がとれるヒントを出してあげましょう。

Q6 親だからこそ、我が子には「いい子に育ってほしい」と思っています。しかし実際には思い通りにいかず、いつも空回りしています。

A 6

親であれば、程度の差はあれ、誰でも「いい子に育ってほしい」という思いは持つものです。しかしながら、「いい子」というのは親から見た子どものことです。それが強くなれば、子どもに親の価値観を押しつけることになります。特に真面目な親ほど、「親だからこうあるべき」「親なら○○しないといけない」と思いがちですし、周囲のプレッシャーも感じがちです。

前にも述べましたが、その思いが強いほど親と子どもの関係がこじれやすくなります。子どもが癇癪を起こすことが、「いい子に育っていない」「親に責任がある」と感じてしまいがちになります。

母性本能とは、生物学的にはある種の生物の母親が普遍的に持つ、繁殖に関わる行動を引き起こす本能のこと、つまり種の維持のために備わっていることとして用いられています。すなわち、生物学的には子孫を繁栄させる行動ということですが、心理学的には、未熟な状態で誕生し、一定年齢に達するまで親の養育なしに生存できない子への、雌親（母親）に見られる養育行動の反応および行動原理として存在するとみなされる本能、とされることがあります。

哺乳類や鳥類など進化した動物は、生物学的な本能だけでなく、心理学的な本能が観察されることがあります。長い親の養育期間を要するヒトの場合はそれが顕著で、通常、母性本能というのは心理学的な意味合いで用いられます。ただし正式な学術用語ではないので、使われ方は曖昧です。「子どものことを大切に思う」ということは、種の繁栄のためなら育てる子どもを選別するという生物学的な意味合いではなく、心理学的な意味合いと考えることができるでしょう。

ここで「虐待」の話を持ち出すのは、唐突な印象をお持ちになるかもしれません。生物学的に、子孫を繁栄させるには弱いものを排除する・見捨てるという行為が存在します。しかし、これらの行為には「虐待」という用語を使いません。虐待とは親と子どもの関係性について用いられるものです。

日本では「虐待」（abuse）という言葉は、児童虐待の防止等に関する法律（児童虐待防止法）に準じて、保護者（家庭生活を同一としている者）による行為を意味して使われています。

親と子どもの関係性の歪みのことを英語ではmaltreatment（マルトリートメント）と

表現します。malは「〜ではない」という意味ですので、適切ではない関係（不適切な養育）ということになります。Abuse（アビュース）という言葉もab（〜ではない）＋use（対処法）という意味ですので、日本語でいう「虐待（むごい仕打ち）」とはずいぶんニュアンスが異なることになります。つまり、本来abuseという英語を虐待という日本語に当てはめることが、必ずしも適切ではないということです。

これからお話しするのは、Maltreatment、abuse、という英語で使用する意味に近い表現も含むとお考えください。

Q7　しつけや教育のために、つい子どもに厳しくしてしまいます。子どものためを思ってのことなのですが、大丈夫でしょうか。

A7　２０１８年3月に、東京都目黒区でたび重なる虐待を受けていた女児（当時5歳）が死亡し、女児の両親が逮捕されるという痛ましい事件がありました。

警視庁は、1食しか口にできない日もある、朝4時ごろ起きて平仮名を書く練習していた、という事件の詳細とともに、指示されたことができないために書かされた〝反省文〟を、本人の写真とともに公開しました。特に、覚えたての平仮名で書いた本人の反省文は一気に社会の注目を集めることになり、世間は激しい怒りの矛先を両親に向けました。この事件では、親の行為は、「身体的虐待」「心理的虐待」「ネグレクト」に該当しますが、背景には「教育虐待」があります。

これほどまでに極端ではなくても、しつけや子どもの早期教育・お受験のために厳しく指導する、といった意識の高い親御さんもいらっしゃるでしょう。しかし根底では同じような心理特性を持ちかねないということです。

そもそも「教育虐待」という言葉は、児童虐待防止法に定義されている言葉ではありません。また、教育行為は家族だけでなく、園や学校、職場でも指導する立場にある人と指導を受ける立場で成立するものです。ここでは「教育虐待」とは、家庭だけでなく幼稚園や学校、地域のスポーツクラブなど、子どもと一定の関係がある大人からの行為を含むものとして述べていきます。

重要なことは、大人が「子どものために」「よかれ」と思ってやっている指導内容や指導行為が子どもにとっては不適切であり、有害（心理的虐待体験）となっていることもあり得るのではないかということです。「教育」という言葉を使用すると、周囲の人間だけでなく、当事者である子どもも虐待とは気づかず、「自分の努力が足りない」と受け取りかねません。

「しつけ」はおもに家庭で保護者が子どもに礼儀や作法を教える行為を指しますが、教育行為ととることもできます。強い叱責など行きすぎたしつけは「心理的虐待」、体罰が加わると「身体的虐待」になり得るのです。体罰を加える人が「しつけ」と称しても、子どもにとっては体罰という「虐待」行為であることも珍しくありません。

すなわち、「教育虐待」とは、教育を理由に子どもに無理難題を押しつける心理的虐待で、エスカレートすれば暴力を伴うこともあります。２０１１年の日本子ども虐待防止学会ではじめて提案された概念ですが、「しつけ」のためと強い立場の人が自己を正当化し、周囲の人も「しつけ」や「教育」といわれれば、虐待と気づきにくいのです。

では、「教育虐待」を防ぐには、どのような点に注意すればよいのでしょうか？　図表12は、２０１８年に私がある新聞の取材に応じて、度が過ぎると「教育虐待」につながる考え方として紹介したものです。

これはすべて親目線の考え方で、本人の主体性を引き出すのではなく、親の目標を一方的に押しつけるものです。また、親の「世間体」も強く意識したものです。親同士が世間体を気にすると、子どもへの「教育虐待行為」に気づきにくくなっていくのです。

親同士が子どもを通じて競い合うのではなく、時には立ち止まって、肩の力を抜いて「子ども主体」に考え直してみませんか？

そのことで、親も世間体や周囲の人からのプレッシャーから解放されるだけでなく、子どもとの関係も修復することができるのではないでしょうか？

Q8 子どもにつらく当たってしまい、それをやめられません。どうしたらそんな自分を変えられるでしょうか。

A8 ついつい子どもにつらく当たる、という悩みを持つ親御さんは少なくないようです。それがやめられない。怒り出したら歯止めが利かなくなる。このような場合は自分が怒りす

図表12　度が過ぎると「教育虐待」につながる考え方

一度決めたことをきちんとできないのは、本人の意志が弱いからだ。
できないことがあれば、きちんと理由を考えて反省させる。
子どものためを思って親が考えたことに、子どもは従うべきだ。
子どもの評価が悪いのは、親自身の責任だ。
簡単に達成できる目標ではなく、高めのものを設定するほうがよい。

ぎる、感情が抑えられないということを、まずは知っておいてください。

このようなタイプの人は、育児困難に陥りやすいタイプの中で、トラウマを抱えている人に多く見られます。

自分の感情をコントロールする力は、3〜4歳ごろに育まれます。このころは愛着形成の第4段階に当たり、目標修正のための協調性を形成し、柔軟な行動をとることができるようになります。この時期は自己肯定感が育まれる大事な時期です。

この時期に「○○をやりなさい」「いったことを守れない」などの体験が続くと、自己肯定感が育まれません。自己肯定感はこの時期に「能動的体験」が増えることで育まれます。「自分で何かをやった」「これができた」「自分がやったことをほめられた」ということなどが能動的体験です。能動的な体験がたっぷりあることで、指示される、叱られるなどの受動的な体験があっても、それを乗り越えることができますし、そのことで社会性を身につけながら、自己を確立していけるのです。

トラウマタイプの人、特に幼児期の家庭の中での出来事にトラウマを抱えている人も多いと考えていますが、そのような人は自分の子どもの行動を見ているとトラウマという古傷が痛み出して、感情の抑えが利きにくい状態に陥るということもできます。

そのトラウマの大部分は、親御さん自身が幼いときに同じような状況で叱られ続けた体験があります。その内容は具体的には覚えていないとしても、自分の子どもが自分と同じような言動をとると、口やかましく注意された、失敗を責められた、罰を与えられた、などの経験がよみがえり、自分の子どもに同じようなことをしてしまうのです。

しかし、同じことを繰り返してはいけません。まずは自分自身を客観的に見てください。自分が「育児困難に陥りやすいタイプ」ではないか？　そうであれば、できるだけ適切なアドバイスを受けること、あるいは育児に協力してくれる人を探してください。

心身の不調が目立てば医療機関でも相談できますが、各自治体には子育て支援センターが設置されています。就学前の子どもとその保護者が対象です。子育て中の人だけでなく、

図表13　子育て支援センターのおもな事業内容

- **育児不安等についての相談指導**
  子育てアドバイザーに、子育てについていろいろな相談ができる。
- **子育てサークル等の育成・支援**
  子育てサークル活動や、子育てサロンの実施に関する相談・支援。
- **子育てのさまざまな情報提供**
  ベビーシッターなど地域の保育資源について、来所だけでなく、電話相談、訪問等でも利用できる。
- **子育て中の保護者がくつろげるフリースペースの提供**
  気兼ねなくおしゃべりして、リフレッシュできるフリースペースを提供。保護者同士が情報交換をすることもできる。

これから子育てをされる予定の人も利用できます。親が単独でも子どもと一緒でも利用することができます。

子育て支援センターは、地域内の保育所、福祉事務所（家庭児童相談室）、児童相談所、児童家庭支援センター、保健所（保健センター）、児童委員・民生委員、児童福祉施設、医療機関等とも連携していますが、地域によって支援内容に多少の差があるので、それぞれの機関に直接問い合わせてもよいでしょう。

育児に協力してくれる身近な人（パートナー、両親きょうだいなど）や信頼できる知人に相談してみましょう。適切な人がいないときには、子育て支援センターでベビーシッターなどの地域の保育支援の利用を相談してください。とにかく1人で悩まないことが肝心です。

Q9 子どもが発達障害なのではないかと気になっています。子どもの発達障害が疑われるケースには、どのようなものがありますか。

A9 発達障害はここ十数年で、その概念が普及し、テレビや新聞報道でも日常的に見聞きする用語となってきました。それに伴い、書籍やネットでおびただしい情報を手に入れることができます。果たしてどれが本当なのかわかりません。

まずは大原則をお話ししましょう。

「子どもは育てにくくて当たり前」なのです。

子どもらしいというのはどのような様子でしょうか？　客観的に見ると天真爛漫です。一方、親から見ると、不注意で多動、衝動的、要求が通らないとダダをこねる、協調性がない……。しかし、子どもの発達を考えればそれは当然のことなのです。少々の育てにく

図表14　発達障害（ADHD）の診断プロセス

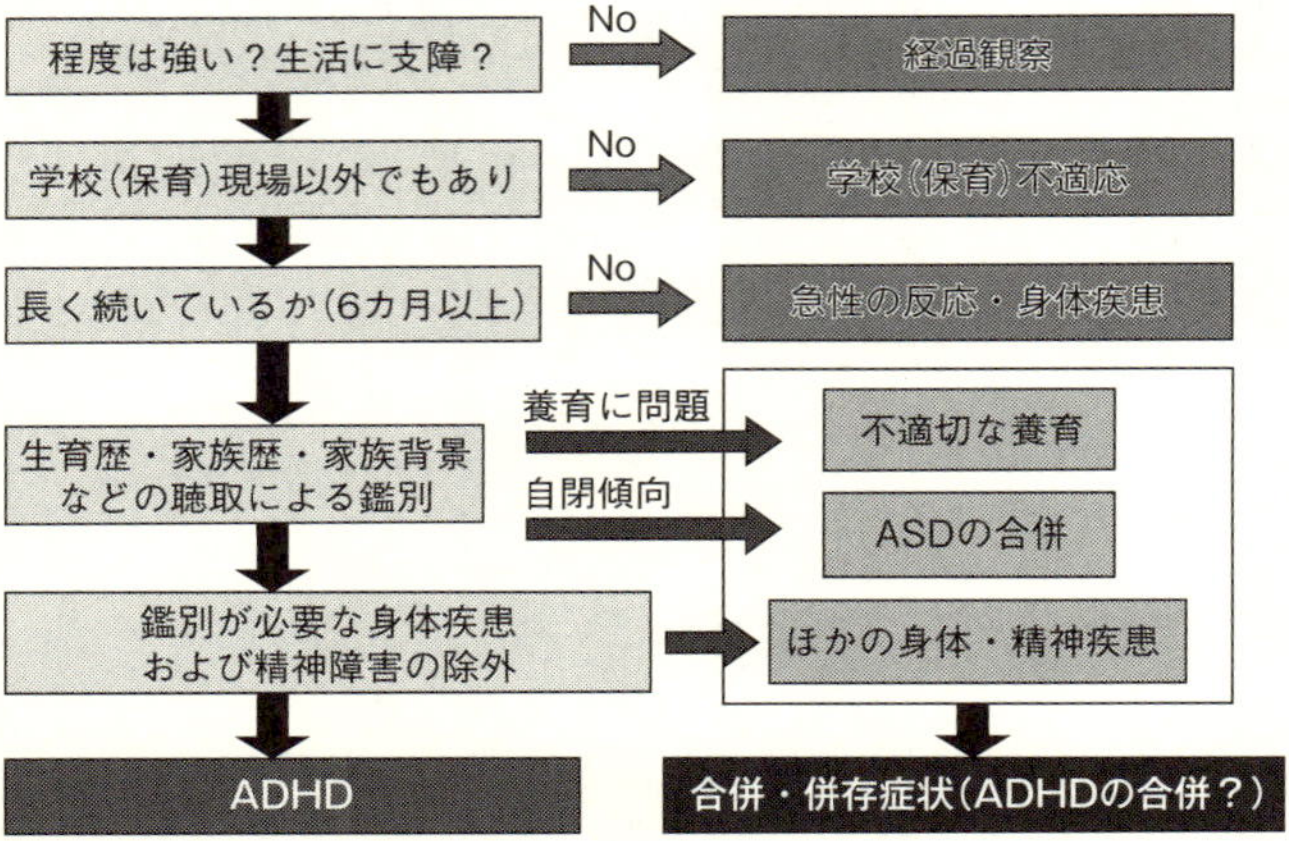

さは必然的なものです。個人差もあります。きょうだい間の差や、少人数の保育園や幼稚園の子どもたちの比較ではわかりません。

発達障害を疑う、あるいは周囲の人から指摘されたら医療機関で相談してください。ただし、有名な医療機関では予約を取るのも大変で、何カ月も先、時には1年以上先になることもあります。さらに診察をする人の主観で診断が異なります。保育士や心理士のレポートだけで、さしたる診察や確認の質問もなく診断されるようであれば、できればセカンドオピニオンを求めてください。

私が発達障害の診断をするポイントは、症状があるだけではなく、以下のようなことを確認しています。

①年齢不相応であるか？
②複数の場所で見られるか？
③症状が持続しているか？
④実際に生活上の困難があるか？
⑤その他の身体疾患や精神疾患の可能性はないか

たとえば年齢相当の発達と比べて、全体の遅れがあれば知的発達症（知的発達障害）、部分的な発達の遅れや歪みがあれば、発達障害を考えます。

脳を基盤とした生得的な障害（神経発達症）であれば、どのような場でも見られます。診断基準は6カ月以上続くこと、となっています。初対面であれば、過去6カ月間さかのぼって、様子を確認することになります。

いずれにしても初対面のとき、その場の症状だけで判断することはできません。ほかの場所でも、持続してそのような様子が見られることが基本となります。

発達障害の1タイプで、注意欠陥・多動性障害（ADHD）があります。不注意な子、多動・衝動性のある子がすべてＡＤＨＤというわけではありません。図表14のようにいくつかのプロセスを用いて診断を行っているのです。

Q10 仕事をしながら子育てしています。忙しい中でもきちんと子どものこころと向き合うには、どんなことに気をつけたらいいのでしょうか。

A10

子どもとしっかり向き合うのが母親の義務、と考えてしまうと、自分に過分な負担をかけてしまいます。自分から「無理をして」向き合うということではなく、子どものありのままを受け入れればよいのです。

母親のペースで向き合おうというのではなく、子どもが近づいてきたとき、必要とするときに受け入れるようにしてください。子どもの愛情の確認、突然の恐怖や不安の避難場所となればよいのです。身構えすぎなくて大丈夫です。

「仕事が忙しい」と感じているのであれば、時間だけでなく、同時にこころの余裕もないのではないでしょうか？　人とつきあう時間もない、煩わしいビジネスライクなつきあいだけでなく、親しい人、相談できる人との交流もできていないのではないでしょうか？

母親自身がくつろぐことができないと、子どもの様子を肯定的に見ることができません。子どもが便をもらしたとしましょう。「この忙しいときに……何度いったらわかるの」と否定的にとるのではなく、「昨日たくさん食べたからね」「夢中になって遊んでいたからね」と子どもの行動を受け入れることです。

このような母親自身のこころの余裕は、子どもと2人の家庭という閉鎖的な空間では生まれにくく、否定的な発想に陥りがちです。忙しい職場の中では育児があるからといって人づきあいを避ける一方で、家庭の中では親子で孤立していないでしょうか。

孤独を感じていたり、周囲に家庭のことを話せる人がいなければ、話を聴いてもらう場を探してみましょう。わずかな時間でもよいですし、子どもと一緒でもかまいません。そのことがこころの余裕につながり、結果的に子どものこころと向き合うことになります。

このときには意見を求めるのではなく、話を聴いてもらうことです。話を聴いてもらうことで自分自身で解決する気持ちや勇気が持てるようになります。逆に話を聴いてもらうつもりが、いろいろな体験談を聞かされると、情報が過多になり、負担感が増えてしまうので、気をつけたいものです。

Q11 夫が育児に協力的でなく「ワンオペ育児」状態です。どうしたらこの状況を抜け出せるでしょうか。

A11

ワンオペ育児の「ワンオペ」とは「ワンオペレーション」の略で、ファストフード店やコンビニエンスストアなどでの１人勤務という過酷な労働環境を指す言葉として用いられてきました。ワンオペレーションとは、「１人で何もかも」という状況ということです。ひとり育児（ひとりで家事・育児のすべてを行うこと）に加えて仕事もこなしている母親について、「ワンオペ育児」と呼ばれるようになってきました。

育児は、仕事以上に予想が不可能です。子どもが突然熱を出したりすることもあります。子どもの年齢にもよりますが、子どもが幼いと休息時間や休暇もなかなかとれません。「育児休暇」という言葉があります。確かに仕事は「休暇」扱いなのですが、育児は「休日のない仕事」を一定の期間続けることになります。まずは、社会にこのことを認識してもらうことが重要です。

女性医師は産休をとると戦力として頼れないという理由で、医学部の入試の合格判定のときに差をつけた大学が問題となりました。これほど極端ではないにしても、社会全体が育児に関しての認識を変えるべきでしょう。

家庭で考えてみましょう。夫婦が共働きであれば、育児はどうしても女性の負担が多くなりがちです。家事も同様です。一般に男性は、問題があると「論理的に解決したい」という傾向がありますので、夫との話し合いの場を設けて、そのためには「育児、家事、仕事」をできるだけ具体的に、夫にわかりやすく「見える化」することです。

まず、妻、夫の帰宅時間と就寝時間や出勤時間を表にしておき、その下に子どもの予定を書いておきます。21時に寝る、そのためにはお風呂は20時半、食事は19時半には食べさせたいので18時半から準備をはじめる。子どものお風呂と食事の片づけが重なる。翌朝のゴミ出し、洗濯、朝食作りを考えると、お互いに朝出勤するまでの時間をどのように調節できるか？　どのように分担すれば最も効率的なのだろうか？

育児ほど計画的にいかないものはありません。効率的な計画を立てても、子どもがぐずる、なかなか寝つかない、夜泣きをする、ご飯を引っくり返す、など現実と大きなギャップが出ることもしばしばです。それでも夫に不満を持つだけでは改革できません。具体的なスケジュールを示して、夫の「意識改革」に着手してください。

遅れが生じたときは、定時運行を目指す目標を立てることも重要です。帰宅が遅くなったときに、時間内に家事が終わらなかったときには、妻だけの努力ではなく、夫婦で分担するということも理解してもらいましょう。

たとえば「21時以降は大人だけのくつろぎタイムにしよう」という共通目標があれば、「妻が子どもをお風呂に入れている間、夫はテレビタイムではなく、食器洗いタイム」にして、ということもできるでしょう。

夫が長時間労働を強いられ、どうしても夫が子育てに時間を割けない、というケースもあるかもしれません。その場合、夫は「ワンオペ育児で大変な思いをしている」という妻の気持ちを受け入れてください。夫の「ありがとう」というひと言で、身体的にはともかく、妻の精神的な負担を軽くすることができます。

Q12 離婚してシングルマザーになりました。子どもに寂しい思いをさせてしまい、罪悪感を抱きながら接しています。

A12 子どもにも多様性があるとしたら、人生にも人それぞれ、多様な選択肢があるのです。どれがよい、どれが悪いということはありません。過去を振り返って悔やんでも、何も新しいことは生まれません。

大事なのは今の生活に満足することです。今現在、子どもとの生活で子どものこころを満足させることができるかです。お母さん、そして祖父母などお母さんと関係がある人との中で、子どもが自分自身のこころの居場所を感じることができればよいのです。無理に「父親の代わりになる人」などと考えずに、子どものこころの居場所を提供してください。

離婚、シングルマザーとなった背景もさまざまです。父親との交流ができるのであれば、それを否定しないでください。父親が子どもについて肯定的な感情を持てるように、子どもの前でお互いを否定し合うことは避けましょう。

子どもは両親の表情を見て多くのメッセージを受け取ります。夫婦がケンカするのを見て、ナイーブな子どもは「自分は必要のない存在」と受け取ることもあります。

幼い子どもがこのようなことを言葉で表現することはありません。そのときは、せいぜい「やめて」「パパもママも嫌い」などと言葉を出すのが精いっぱいでしょう。しかしながら、子どもの脳には理屈ではなく感情で、その出来事が記憶されています。その記憶は大人になっても予期せぬときによみがえって心身の不調を来す原因となります。

自分の過去の行動、自分の現在の生活を否定的に受け取ることをやめましょう。「罪悪感」を感じたら否定的な感情であると自覚して、それ以上考えないようにします。そして現実に起きていること、子どもと２人で朝ごはんを食べている、一緒にテレビを見ている、などといったことを肯定的に受け取り、満足するようにしましょう。

そのとき罪悪感が出てきたら、それ以上考えるのをやめ、再度現実を肯定的に見つめてみましょう。

Q13 子どもには、父親、母親の悪いところは似てほしくないと思ってしまいますが、体形だけでなく性格なども似てしまうのでしょうか。

A13

子どもの体質、個性（能力や才能）は、お父さんとお母さんから受け継いだ遺伝子によって、大きく変わることなく守られているということができます。ほかの子の様子や平均値と比べて一喜一憂すると、子ども自身が自分に責任があると感じてしまいます。

しかし最近の研究では、遺伝子そのものは変わらないものの、遺伝子の働きを調節するには環境的な要因が働くということがわかってきました。タバコなどの外からの物質だけでなく、災害にあう、ハラスメントを受けるなどの因子があると遺伝子の働きを調節する要因となり、それを発現しやすくなったり、発現しにくくなったりするのです。

内面的な個性、性格のよしあしの判断は主観が強いものです。遺伝子そのものは変わらないとしても、よい環境で育てば、その影響は軽微になることもあります。個性として見ることができなければ、専門家に判断を仰ぐのもよいでしょう。

しかしながら、やみくもに心配することなく、お子さんには未来がある、多くの選択肢があるということを信じて温かく見守っていきましょう。

Q14 男の子の母親です。自分が女性のせいか、いつも振り回されて大変です。男の子の子育てのコツがありましたら教えてください。

A14 男性のほうが平均寿命が短い、身体疾患の多くは男性のほうがかかる割合が高い（たとえば一生涯でがんにかかる人の割合は、男性が2人に1人に対して、女性は3人に1人）など、生物学的には男性のほうがより脆弱《ぜいじゃく》であるといえます。

もともとは個体維持のための生命の基本仕様は雌（メス）であり、雄（オス）は雌がカスタマイズされたものということができます。そのためさまざまな不具合が生じやすく、たとえば男性ホルモンとして知られている「テストステロン」は免疫システムに抑制的に働いているなど、個体維持のためには女性と比較すると不利であるということができるのかもしれません。

お母さんの胎内で赤ちゃんの性別が決まったときからこのような状況は生じています。先天性の代謝異常症や遺伝疾患も男の子に見られることが多く、生物学的には「育てにくさ」というよりは「育ちにくさ」という点で一定の根拠があるということになります。

男の子が女の子よりも育てにくいということを、ときどき耳にすることがあります。「男の子だから」「女の子だから」と性別で大別し、個性を踏まえない考え方には批判もあります。

一方、「育てにくい」ということは主観ですから、科学的な根拠を提示できません。旧来男の子はいろいろ将来の期待をかけられており発達段階でのハードルが高めであったこと、主たる養育者の女性の自身の経験が役に立たず成長発達段階で困惑しやすいこと、などの影響があるのかもしれません。

1つ追加でお話ししたいのは、男の子が身体的に育ちにくさを持っているとしたら、女の子は内面的に男の子に比較して育ちにくさを持っているということです。

たしかに男の子は、女の子よりも身体疾患にかかりやすいし、また事故に遭遇しやすい、不満を行動化しやすいなどの特徴はあります。一方で内面的なストレスは女の子も多く抱えており、それを外に出すことが少ない傾向があります。そのストレスが自身の成長発達の中で内包されてしまうと、成人して「生きづらさ」を抱えやすくなりますし、育児にも負担を抱えやすくなります。

疫学調査では、近年のうつ病の有病率は女性のほうが多いと報告されています。最近は使われなくなりましたが、ヒステリーという言葉の語源はラテン語のヒステロ（子宮）に由来するほど、ヒステリーという状況は女性に多く見られました。突然うつ病やヒステリーの症状が出るわけではなく、子どものときから内包されていたストレスが影響していると考えることもできます。

ある意味では、男の子のほうが早期にSOSのサインを出してくれるのかもしれません。育てにくい、困ったと感じたら、それは子どものSOSのサインと受け取ってください。同時に親子関係のSOSといえるかもしれません。悩まないで信頼できる人に相談してください。

Q15 男の子と女の子の子育て中ですが、異性である男の子のほうに、つい甘くなってしまいます。

A15 母親は男の子を、逆に父親は女の子をかわいがるということを、ときどき耳にすることがあります。もちろん例外もありますが、果たしてその根拠はあるのでしょうか。

かわいがるということは愛情をかけることですが、親からすると「手がかかっている」ということになります。

母親と男の子で考えてみましょう。周囲から見て、よりかわいがっているように見えるのは、一般的に男の子のほうが育てるのに手がかかるためではないでしょうか？　母親にとって自分自身の体験が役に立たない、理解しがたい存在ということもできます。周囲から見て手がかかる＝かわいがるという状態であると思います。

母親対女の子を考えてみましょう。感情や行動が男女で異なることは科学的にも研究が進んでいますが、女性は男性よりも共感力が高いといわれています。共感力がより高い両者は、些細な違いに気づきやすいのかもしれません。

女の子は、親のことをよく観察しています。時には「お母さんはお世辞をいうのがうまい」などと指摘をしてくることもあります。一方で父親に対しては気がついたこともあまり話しません。母親は、女の子には自分の本音を見透かされてしまうといった緊張感があり、女の子のほうは、実は特別に大切にされたいという気持ちが強いのかもしれません。

ＱＯＬ調査の結果では、女の子のほうが男の子よりも自尊感情が低いことがわかりました。先ほども触れましたが、精神面ではより女の子のほうがナイーブであるといえるでしょう。親から見ると比較的手がかからないと思っていても、実は女の子のほうがより愛情を求めている。このミスマッチが子育ての悩みとなり得るのかもしれません。

診察室では、思春期から青年期にかけての女性から「母親との関係がうまくいっていない」と打ち明けられることがあります。女性の自己肯定感や幸福感は、同性である母親の接し方が大きく影響するという研究結果もあります。

男の子は愛着形成期の関わりがよければ外で対人関係を構築していきますが、女の子は母親との愛着形成が構築されたあとも、家庭の中での両親との関係に大きく影響されます。

家族の仲がよいことが大切です。

この時期に父親と母親の夫婦仲が良好であれば、そばにいる女の子はそれだけで精神的に安定します。「母親との関係がうまくいっていない」と訴える女性の多くが、幼少期から小学生のころにかけて両親の仲が悪く、DVを目撃したり離婚で両親の間に生じたいざこざを経験しています。

取りたてて両親のいざこざがない場合でも、母親は自分の子どものときの好ましくない様子を女の子に投影しがちです。特にお母さん自身の自己肯定感が低く、それを女の子に投影したり、自分と違ったように育ってほしい、あるいは成長したら自分を助けてほしいなどと期待してしまうと、女の子自身がその母親の様子を見て失望することもあります。

現在子育て中の方には、女の子への愛情は、薄く、しかし長くかける（男の子よりも薄いといってはいいすぎかもしれませんが、負担にならない程度で）ことをこころがけていただきたいと思います。幼稚園から小学生の女の子の前で、過去を悔やんだり、人の悪口をいったり、見え透いたことをいったりすることは避けましょう。女の子を相談相手や友だちにするのは避けてください。女の子の自分自身の将来像に好ましくない影響が出かねません。本音や愚痴は夫や知人に聞いてもらいましょう。

Q16 上の子とは気が合うのですが、下の子とはそれほどでもありません。きょうだい平等に、とは思っているのですが、なかなかうまくいきません。

A16 自分の子どもに対して愛情に差が出てしまうことは、実はよくあることです。そう自覚ができているのであれば、対処することが可能です。

子どもに対して愛情の差を感じても、まずは無理に否定することなく、自分にそういう傾向があることを認めて意識的に配慮をすること。夫や信頼できる人に話をして、子どもへのフォローをお願いしてみましょう。

自己肯定感の低い母親は、自分が幼いときに感じた、自分自身の嫌いな部分と似ている子どもの言動を見てイライラしてしまうことがあります。このような場合は感情のコントロールができなくなり、一方のきょうだいに愛情を注ぐことが難しくなることもあります。

また、幼少時期にきょうだい間でトラウマがある母親が、育児に際してトラウマを再体験する、たとえば兄だけかわいがられて自分は虐げられたことを自分の子どもにも投影してしまうこともあります。そうすると上の子どもにつらく当たってしまうこともあります。きょうだい間で明らかに愛情に差をつけることは、「心理的虐待」の1つのタイプとしてあげられています。そのような状況に陥る前に、1人の子どもをかわいがることができない、子どもと接するのがつらい、など感じたりした場合は、子育て支援センターや専門家のカウンセリングを受けてみましょう。

また、発達障害のように思える子(落ち着きがない、友だちと遊ばないなど)、神経質な子、睡眠や食事などの生活習慣が一定しない子など、子どもにも個性があります。親子の関係性を考えると、育てやすかったり、育てにくかったりするのは当然といえます。

しかしながら、そのことを親自身が胸の内に秘めたまま子どもに接すると、同じきょうだいでも愛情が偏ってしまうこともあり得ます。「この子は育てにくい」ということを思い切って相談してみましょう。

そのときに、パートナーや身内には、それを否定されたり、励まされたりすることもあるかもしれませんが、それを言葉通り受け入れる必要はありません。身内で相談ができなければ、まずは話を聴いてもらう人を探してみましょう。その気持ちを理解してもらうだけでも、胸のつかえがラクになるものです。

性格的に合わない、育てにくいということは、当然あり得ることだと開き直ってみてください。ただし、開き直るだけでは解決しません。さまざまなケースがあり、ネットや書籍で情報を入手しても役に立たない場合があります。たとえば、親が抑うつタイプで、子どもが発達障害であれば、一般的なアドバイスである子どもに合わせたコミュニケーションをとること自体が難しく、母親の混乱を深めることになります。

身内にＳＯＳサインを出して、できることは手伝ってもらうようにしましょう。また、地域の子育て支援センターなど、いつでも相談できるところを確保しておくとよいでしょう。その際、一般論ではなく、個別のこととしてアドバイスを受けることが重要です。親子の関係が行き詰まって膠着《こうちゃく》した状態になる前に、開き直ること、思い切って相談することが解決の糸口になると思います。

付章

子どものこころを守るために、親ができること

―子どものうつを防ぐアプローチ―

●育児困難は「うつ」ともかかわっている

ここまで、育児困難と、その背景にある親子の自己肯定感を関連づけてお話してきました。親に育児困難があると、その子どもはうつになることが多い、さらに現在の日本の社会はうつになりやすい社会といえます。ここからは、うつな気持ちを和らげて深刻にならないためのヒントをまとめてみます。

なお、これからいう「うつ」とは漢字で「鬱」と書きますが、「こころにわだかまりがあって、気分が晴れ晴れしないこと」で、広く一般的にも使われる意味と思ってください。それに対して、「抑うつ」とは、「うつ病」とはいえないまでも、ある程度精神的なエネルギーが低下している状態で、この状態が重く長く続くと「うつ病」ということになります。

この章では「うつ」と「抑うつ」を区別し、「抑うつ」はうつ病の症状が見られる状態のことを示します。従って、ここでは「うつ病」は精神医学の病名の意味で使用していきます。

●子どものこころの「健康度」とは

最近、子どもの元気がない、何かいうと反抗する、ゲームやネットに集中していて会話がない……これは思春期を迎える子どもの特徴ですが、実はここに子どものこころのトラブルのサインが潜んでいることがあります。子どもが心身ともに健康であるのか？　日常生活に満足しているのか？　という視点で考えてみましょう。

ＷＨＯ（世界保健機関）は、健康とは「病気でないとか、弱っていないということではなく、肉体的にも、精神的にも、そして社会的にも、すべてが満たされた状態にあること」と定義しています。身体的な問題を抱えているのか？　生活に適応できているのか？　ということは親も気づきやすいのですが、精神的に満たされた状態なのかということは、周囲の大人が気づくことは必ずしも容易ではありません。

私たちは精神的に健康かどうかを判断する１つの指標として、子どものＱＯＬ尺度を用いています。それには「精神的健康」という質問項目があります。図表15は質問項目をわかりやすく改変したものです。

このような状況ではないことが、精神的に健康ということになります。

この質問は「子ども自身がどう感じたか」を問うものですので、親や学校の教師も気づかないことがあります。学校では友だちと普通に話している、学校行事にも取り組んでいる、ネットでみんなと交流をしているように見えても、「ひとりぼっち」と感じていることもあります。

小学校や中学校でこの調査を行うと、多くの子どもは各項目で「ぜんぜんない」「ほとんどない」のどちらかを選ぶのですが、なかには「いつもそうである」「たいていそうである」を選ぶ子どももいます。そのような子どもは、精神的に健康でない可能性があります。

●増えている「子どものうつ病」

私は、精神的に健康ではない子どもが近年増えているのではないかと感じています。30年以上前から小児科の外来で診察を行ってきましたが、今考えれば、その当時にも精神的に健康でない子どもがいたのかもしれません。しかし子どもを長い期間にわたって経過観察する機会がなく、気づくことができませんでした。

小児科の外来では、頭痛だとか腹痛だとかを繰り返して訴えて、学校に行けない子どもの診察を行ってきました。このような子どもを長い期間診てきますと、精神的な不調も目立つようになる。そして行動面の問題、イライラして友だち関係が築けない、キレやすくなるといったこともあります。20年くらい前からそのような思いがはっきりしてきました。

図表15　QOL尺度、精神的健康の質問項目を一部改変

1．楽しいと感じなかった。
2．つまらないと思った。
3．ひとりぼっちのような気がした。
4．何もないのにこわいと思った。

ちょうどそのころから、ＱＯＬ調査を診察の現場でも使用するようになりました。調査の結果については前述しましたが、ここでは精神的健康と「抑うつ」についてお話しします。

各項目の調査の中では、精神的健康の項目が高い傾向にありますが、一部に精神的健康が低い子どもがいます。精神的健康が低いと、ほぼ全員がＱＯＬ全体も低いということがわかっています。ＱＯＬが低くなるほど「抑うつ」の程度が高いこともわかっています。自分自身で精神的健康度が低いと感じている、つまり精神状態が良好でない子どもは、抑うつの程度が高いと考える必要があるということです。

抑うつ状態とうつ病を区別するのは難しいのですが、その程度が強く、かつそのために生活に支障が生じている場合には、医師はうつ病と判断します。

最近の子どもは、以前よりうつ傾向が高いのではないかと感じています。楽しいこともあるかもしれないが、つらいことや悲しいことのほうが多い。何らかのストレスを引きずっており、程度の差はありますが気持ちの落ち込みや憂うつを感じている子どもが多いということです。

実際の調査でも、子どものうつ病が決して稀な疾患でないということがわかってきました。

私たちが抑うつの尺度を用いて調査した結果、9～15％の程度の小中学生が抑うつ度が高いということがわかりました。抑うつが高いということと「うつ病」の区別は、実際に面接をして、その程度や生活の支障を確かめます。その結果、2割程度が臨床的にうつ病の可能性があるということがわかりました。

それを中学生に当てはめると3～5％程度が該当し、世界各国の報告でも3％程度と推測されています。つまり、クラスに1人くらいは、うつ病の予備軍、あるいはうつ病と考えてもいいのではないかというお子さんがいるということで、決して稀ではないということになります。

●子どもの「抑うつ」を見抜くポイント

では、子どもの抑うつにいち早く気づくために、親はどんな点に目を向ければいいでしょうか。子どもの抑うつには、いくつかのサインがあります。

1つは気持ちの落ち込みが長く続くことです。子どもでも気分の落ち込みはよくあります。ただし回復も早いのが一般的です。気分が落ち込んでいるけれども、ちょっと楽しいことがあったり、気分転換すれば回復するということで、気分の落ち込みが長く続くというのは、子どもではあまりありません。

次に、悲しい感じが強いということです。悲壮感に満ちあふれている状態で、自分は取るに足らない人間だとか、自分がやったことはすべて失敗する、うまくいかないなどの考えがあり、それからそういう考えにとらわれていて簡単に修正ができない。同じことを見聞きしても、すべて悲観的にとらえてしまうといったことです。「死にたい」と思うようになることもあります。

3つ目は、身体の調子が悪いことです。うつ病は「こころの風邪」といわれることがあります。誰でもかかる可能性があるということでしょうが、風邪は症状が出現するのもよくなるのも早い、という点ではまったく異なりますが、身体症状があるという点は類似しています。

すなわちうつ病は、身体の症状が強いということです。具体的には、よく眠れない、おなかの調子が悪い、何もしていなくても疲れやすいなどの症状があります。眠れないという症状は、単に寝つきが悪いだけでなく、夜中に目が覚める、その後なかなか寝つけない、早朝に目が覚めたときに疲労感があるがその後も寝つけない、といった特徴があります。

うつ病は、こころの病という側面は当然ありますが、精神神経疾患の1つととらえれば、脳に関するいろいろな症状が出てきます。脳は身体の調子もコントロールする器官と考えれば、そこに不調を来すということは、身体の症状としても、いろいろ出現するということになります。うつ病には身体症状もあるということを知っておくのは非常に重要です。

●まずは生活環境の見直しから

「子どもがうつかもしれない」と思ったとき、まず行ってほしいのは、子どもの生活環境を整えることです。私たちは「環境調節」といっていますが、そのときに重要なのは、大人自身で判断しない、自分たちがよいと思うことを押しつけないことです。

気持ちが落ち込んでいる子どもは、大人が思っている以上に疲れている。子どもから大人のほうに自分の体調の不良を訴えるということは、たとえ家族であっても遠慮があるので、なかなか弱音を吐かないのです。ところが親がそれを受け流してしまうと、さらに調子が悪くなるということになります。お子さんが体調不良を訴えるということは、「かなり疲れている」「心身に不調を来しているのだ」ということを、親御さんあるいは学校関係者の方に知っていただきたいと思います。

親は子どもの状態をあまり深刻に考えずに、「強いこころを持てば治る」とか「時間が経てば治る」といった精神論を主張しがちになります。しかし、これは根拠がありません。その通りになったとしたら、それは子ども自身が回復する力を持っていたということです。

精神論を強調すると、お子さん自体を追い込んでしまうということになりますし、「相談しても解決しない」と、話をするのをあきらめてしまいます。このことは親御さんだけでなく、学校の先生や実際に子どもと接している方々にも理解していただきたいと思います。

本人ではなくて、大人が「いつまでに治そう」「次の学芸会までは休んでいいけれどもそこからは目標を立てて頑張ろう」「夏休みが終わったら心機一転やってみよう」などと治療の目標を立てないでください。そのような目標は、すでに子ども自身が何回も立てて失敗した経験を繰り返しています。

子どもが感じている不調、身体の調子が悪いという訴えをまずは受け止めて、休息をとってみる。それから本人の回復力を信じる、回復する力を引き出すということを考えてみてください。

●こんなときは病院に行くタイミング

子どもの様子を見ていてもあまり変化がないときは、抑うつの程度を医師に診せることも検討したほうがいいでしょう。

そのタイミングの見極めの1つは、休息をとっても調子が戻らないときです。休日であれば、子どもはリラックスして朝遅くまで寝ていることがありますが、十分に睡眠をとると元気になり、食欲もあるのが普通です。休日でもなかなか改善しない、土日や、特に春休みや大型連休など長い休みをはさんでも改善しないことは、受診を考える1つの目安になります。夏休みは長い期間ですので、夏休み中ずっと調子が悪いということであれば、それも要注意です。

2つ目は、今まで特に興味を持っていたもの、たとえばサッカーの練習やゲームをやる、漫画を描くなど、そういったことも楽しめないという状況です。新しいものに興味を持つのであればさほど心配はないのですが、楽しめるもの、集中できるものがなくなるということは、背景に抑うつが潜んでいる可能性があります。

3つ目は、1日中、身体の調子が悪い状態が続いている場合です。不登校や長時間のネット使用でも午前中の調子の悪さは共通ですが、夕方ごろになると、かなり元気になることが多くなります。一方、抑うつ状態では、いくらか改善するものの調子が戻らないということになります。

さまざまな睡眠障害も特徴です、単に寝つきが悪い、朝起きるのが苦手であるということは子どもにも見られますが、朝起きたときからすっきりしない、夜中や朝早く目が覚めてそのあと眠れない、夜中に何回も目が覚めてしまうといった様子は稀であり、このような睡眠障害があれば医療機関に相談をしてください。

最も心配なことは、気持ちの落ち込みだけでなく、自分自身を責めるような言動です。特に「死にたい」というような言葉を口走るようなことがあれば聞き流さないようにし、まずはその考えをやめさせて、早めに受診されることをお勧めします。

●うつ病になりやすい子どもの傾向

なかには、うつ病を発症しやすいタイプの子どももいます。

①発達障害のある子
②神経質な子
③過去にトラウマ体験がある子や、いじめの被害者
④日常生活に何らかの不適応を呈している子(特に不登校)

などです。そのような子どもに、何らかのストレスが加わったり、睡眠障害や食欲不振などの身体的な不調が目立つ、自己卑下感がある状態であれば、できるだけ早く受診につなげ、うつ病の予備軍に気づくことが重要です。

一方で、大人は「このままでは将来が心配」などと否定的に考えることなく、子どもの回復力を信じてあげてください。

子どもには将来がありますし、未来があります。どの子どもでも回復する力を備えているということです。それをいかに引き出すか。治療するかということではなくて、支え続けるかということが大切なのです。

●薬だけではない、さまざま治療法

子どものうつ病が疑われるとき、医療機関では最初に抑うつの背景を確認し、うつ病な

のか、そのほかの原因があるのかどうかを判断します。睡眠不足ではないか、ネットやゲームのやりすぎで疲れていないか、いじめの被害、みんなの前で恥ずかしい思いをしたといったことがトラウマ体験になっていないか、不安が強くなりすぎていないか（たとえば、授業中にトイレに行きたくなったら心配、他人の視線が気になる）などです。

うつ病と診断しても、すべてが薬物治療や精神療法の対象となるわけではありません。軽い状態であれば、十分な休息をとる、家族や周囲の人が理解をしてストレスをかけないようにするだけで改善することもあります。よほど深刻な状態でなければ、まずは環境調節を行うということになります。

中等度以上であれば、抗うつ薬を使用することもあります。小児への使用にはまだまだ慎重な意見もありますが、多くの専門医は投薬治療を行っています。薬物にはいくつかの種類がありますが、小児ではセロトニン系に作用するセロトニン再取り込み阻害薬がもっぱら使用されています。

私は臨床医の立場として、必要があれば薬を使ったほうが改善は明らかであると考えています。ただし、すべての人に同じ薬が効くというわけではないですし、量を増やせば効く、ということではありません。薬が効いたとしても副作用がありますので、それぞれの人の反応を踏まえて、主治医の先生と相談しながら薬物治療を行っていくということになります。

精神療法も併せて行うことがあります。特に、認知行動療法が一般的に行われています。認知とは「外界を認識する」という意味ですが、ここでいう認知とは「自分が置かれている状況についての主観的な判断」ということができます。私たちは、絶えずその判断を行いながら、自分の思考や行動に反映させています。その判断のもと、通常は日常生活に適応できているのですが、強いストレスを受けているときや気持ちが落ち込んでいるときには認知に歪みが生じてきます。その結果、抑うつ感や不安感が強まり、現実に適応することが難しくなり、さらに認知の歪みが引き起こされるようになります。

たとえば同じ体験をしていても、うつ病の人は否定的なとらえ方をしてしまいます。街で見知らぬ人が自分のほうを見ていたという状況であっても、うつ病の人は、自分が何か悪いことをしたのだろうかとか、批判されているのではないか、あるいは自分に敵対心を持っているのだろうか？　と考えてしまうのです。

認知療法とは、このような認知の歪みに対して働きかけを行い、自らが認知を修正する治療法のことです。行動療法とは、正常な行動も問題行動もすべて学習されるものとみなし、不適応な行動を変えたり除去することによって、適応行動を増やしていく治療法のことです。認知療法と行動療法、両者を合わせた「認知行動療法」と呼ばれる精神療法が、現在では広く行われています。歪んだ認知を修正し、適応しやすい行動を増やしていくということになります。

治療者は、患者の気持ちが大きく動揺したり、つらくなったりしたときに、その人の頭に浮かんでいた考えに目を向けて、それがどの程度まで現実と食い違っているかを説明し、思考のバランスをとっていきます。

実際に効果を上げるためには、単に診察室の中だけでなく、自宅で（日常生活の中で）行うことが不可欠です。自分は悪く考えすぎているということに気づいて、自分自身で発想を転換するという練習を繰り返して、さらにさまざまな外的な刺激からの困難を乗り越えていく力を身につけていくことで、認知行動療法の効果が上がるのです。

●家庭でできる「認知行動療法」的アプローチ

今まで述べた症状が強いようであれば、無理をせず適切な診断や対処法を相談することになりますが、精神症状の程度が軽い場合、家庭や周囲の対応がよければ回復することもあります。先ほどお話しした環境調節や関わり方を実行していただくということです。

親が家庭で精神療法を行うことはできませんが、そのエッセンスを試してみるのは意外と効果が上がるものです。具体的には、子どもがすべてをマイナスに受け止めた発言をすることに気づいたら、すぐに話を止めたり否定したりせずに、話を聴いてください。否定することも肯定することもなく話を聴くことによって、子どもの認知の歪みに気づきやすくなります。認知の歪みの部分について子ども自身に働きかけて、一度考え方をストップする（負の連鎖を防ぐ）こと、次いでそれを肯定的な考えに修正できるように選択肢を与えるなど助言を行うことです。

たとえば「何をやってもだめだ」と子どもが発言したとします。そこで否定したり矢継ぎ早に質問をしないで、落ち着いて話を聴いてみます。「英語の授業がまったくわからない」「先生が勉強ができない自分を無視している」「友だちがバカにしてつきあってくれなくなった」「宿題をやる気がしない」などと話を続けたとしましょう。そうするとネガティブな発想のスタートラインは「英語の授業がわからない」ということになります。そのことで抑うつ感や不安感が強まり、現実に適応することが難しくなり、教師や友だちとの関係を否定的にとらえてしまうという認知の歪みが引き起こされているということになります。

まずは「英語の授業がわからない」ということで考えを止めて、ほかに結びつけないようにすることを提案してみましょう。何度も何度も否定的な考えを繰り返すこともありますが、その都度、「それは関係ない」と簡潔に伝え、関係づけて考えることをやめさせてください。その一方で、英語の授業がどうしてわからないのかを考えて現実的な対応を提案していきます。家庭でやるというのはなかなか難しいかもしれませんが、親子の信頼関係が保たれていれば、家庭でできる認知行動療法ということになります。

ただし、突然子どものこころが回復することはありません。今の状況になるまでにそこそこ長い時間が経過しており、子どもが話をすることを躊躇《ちゅうちょ》していたと考えてください。そのような状況を一気に改善しようと、期末テストまでに治そうだとか、来月までに治そうなどというようなご家族のあせりがあると、かえって改善しにくくなります。本人はそれ以上にあせっていますし、その結果、さらに思考や認知に歪みが生じやすくなった状態になっています。子どもの否定的な感情が改善するには、最低数カ月といった長いスパンが必要だと考えてください。

一方で、数週間かけても変わらず、先ほど述べた受診を示唆する様子が見られたら、思い切って専門家に相談してみることをお勧めします。残念ながら、明らかな症状がある子どもでも、医療機関を受診しているのはほんの一握りと考えられています。

●子どものうつ、誰に相談したらいい?

「子どもがうつ病かもしれない」と思ったとき、いきなり医療機関に相談に行くのはハードルが高い、という人もいるでしょう。

そんなときは安易にインターネットの情報を信じたり、あるいは友だちに相談するのではなく、まずは学校関係者(スクールカウンセラーや保健室の先生)など、子どもに関わっている方に相談してみてください。そこで解決しなければ、地域の教育委員会や教育相談機関、外部では心理相談機関や子育て支援機関といった教育機関に相談するといいでしょう。児童相談所もその窓口ではありますが、虐待の対応で手いっぱいの状態です。

ただし、それらの方々も精神医学の問題に詳しいわけではないので、うつ病を疑う、それ以外の精神疾患の可能性がありそうであれば、思い切って精神科や地域の保健所、保健センター、精神福祉機関に相談するのも1つの方法だと思います。

同時に、周囲の人が親自身を支援することも必要です。子どもを支援するのは第一義的には親ですから、親は子どもの自主性を重んじる、それから子どもの自己肯定感を高めるということになります。親にとってもそれができやすい環境ということが重要になります。せっかく相談しても、親自身が叱咤激励されるだけでは解決しません。

相談を受ける人は、親を孤立させない、子どもの問題をしつけの問題ということで親に責任転嫁しない、親を追い込まないことです。親自身の悩みも踏まえて受け止めて、それを支えることができる社会になっていくことが必要です。

●学校でストレスを抱える日本の子どもたち

うつ病は防げる病気ともいわれています。そのためにまずすべきことは、子どもたちのストレスをできるだけなくす。これは子どもたちだけではなく、大人を含めたすべての人がストレスを感じにくい社会を目指すということです。ストレスを感じることが多くなるほど、うつ病の発症の割合が増えて、しかも低年齢で発症するといわれています。

私たちは、幸福度が高いとされるオランダの子どもたちの学校を見学しました。日本とオランダの学校での子どもの様子を比較していえることは、日本の子どもたちは学校で強いストレスを感じているということです。

ストレスが少ない学校生活、これを実現するにはどうすればいいのかを考えてみましょう。

学校というのは、友だち、担任を中心とした学校の先生、そして部活の顧問や介助員など多くの対人関係を構築するところになります。学習は自分のペースではなく集団のペースに合わせることになります。さらに、同じ年齢の子どもたちが日中に一堂に会する場所、ということになります。

友だち関係がうまくいかない、自分のペースで勉強ができない、それでも多くの子どもたちはストレスを抱えながらも学校生活に何とか適応しています。学校において、集団と個別ということに関して上手に使い分けができない子どもたちもいます。

接する人によって、自分の言動を使い分けることができる「要領のよい子ども」が多数派で、人によって対応を変えることが苦手な、真面目で神経質な子どもは少数派ということができます。

神経質な子どもは、時には要領のよい子を「ずるい」と思うこともあります。その様子が要領のよい子に伝わると、一部の攻撃的な子どもが「いじめ」を行い、多数派の子どもがそれに同調することによって、神経質な子どもは孤立しがちになります。

毎日顔を合わせる学校では、次第にその手口が陰湿になり、攻撃は大人の目を避けて続くことがあります。もちろん多くの多数派の子どもたちも快く思っておらず、学校の先生や保護者がなんとか仲裁することを本音では希望しているのですが、それが実現しにくいのが現状です。このような学校環境が、子どものストレスとなっているのではないでしょうか。

●親子でネットとのつきあい方を考える

インターネットやメールなどは、便利な半面、冷たかったり、あるいはストレートに伝わりすぎてしまったりするというデメリットがあります。

また、インターネット、SNSなどでひっきりなしに連絡があり、返信しないと無視されてしまう、仲間外れにされてしまう。そうすると24時間いつも監視されているという思いが、大変強いストレスになります。ネットをやらない、制限すると決めても、自分自身が孤独な感じを持ってしまう。続けるにしてもやめるにしても、いずれもストレスとなり続ける。そのうちに睡眠とか食欲にも影響が出てくることがあります。

ネット社会の現在においては、少数派の人を多数で攻撃する傾向が見られます。それを避けることもできますが、さまざまな情報の取得や友人・知人との交流にネットを使用することが多い現在では、避けようと思っても実際はなかなか避けることができません。常にネット上の他者の意見を気にして傷ついている人が多いのも事実です。

情報の過多ということには注意が必要です。今はネットで何でも調べられる時代ですが、偏った情報、不安をあおるような情報も少なくありません。そのような情報を子どもたちは鵜呑みにするということもあるでしょう。大人を含めて、信頼できる人、専門的な知識を持っている人に直接会って相談をする、あるいは見てもらうということが非常に重要になってきます。

２０１７年に厚生労働省研究班が行った調査では、病的なインターネット依存が疑われる中高生が5年間でほぼ倍増し、全国で93万人に上ると推計されています。中高生全体約６５０万人のうち７人に１人に当たる計算となり、特に女子の割合が高いことや、スマートフォンを使ったゲームや会員制交流サイト（ＳＮＳ）の普及が背景にあると考えられています。

図表16にネット依存に関する8項目の質問を示しました。5項目以上当てはまるとネット依存が疑われます。ネット依存状態が精神疾患と見なされるようになり、うつ病との関係も示唆されています。

図表16　ネット依存に関する８項目の質問

●ネットに夢中になっていると感じる。
●予定よりも長時間使用する。
●制限しようとしてうまくいかなかったことがある。
●トラブルや、いやな気持ちから逃げるために使用する。
●使用しないと落ち着かない、イライラする。
●熱中を隠すため、家族らにうそをついたことがある。
●使用時間がだんだん長くなる。
●ネットのせいで人間関係などを台なしにした、しそうになった。

５項目以上該当すると、ネット依存が疑われる。

今ネットを完全にやめるのは、無理な注文になるかもしれませんが、お子さんだけではなく家族でネットの使用について減らす方向で検討してください。関連の書籍等を参考に話し合っていただきたいと思います。「うつ病を防ぐ」という視点からも、使用方法については十分に検討してください。

●親自身がストレスをなくすことが大切

大人が便利さを追求しすぎたということで、環境の変化に弱い子どもたちには、とまどいやストレスが増えてきました。

時代とともに増えてきた子どものストレス。つまりはこの時代、この社会が子どものストレスを増し、うつ病の増加の要因をつくっているのです。私たちが、子どもが今、こころの病に悩んでいるのだということに早く気づいてあげて、そういう子どもたちが1人でも減らせるような社会をつくっていく、それをこころがける、こころに留めるということが大切です。

ひと昔前に戻るということはいいすぎかもしれませんが、ここで一度立ち止まって、子どもの視点で健康や幸福を考えてみましょう。食生活や睡眠習慣を見直す、あるいは外遊び、適度な運動、早寝早起き朝ごはんを勧めるなど、社会にできることはたくさんありますが、何からはじめようかとなったときに、なかなか決められない。それだけ複雑な問題だということです。

今必要なのは、親とその子どもを中心とした、幾重ものサポート態勢です。可能なところから実行していく――これが子どものストレスを減らし、こころの病の予防につながるのです。

このように考えると、親自身もストレスを抱えないということが、非常に重要になってきます。ストレスを減らすのは、自分自身だけでなく、子どもたちのためにもなるのです。

子どものストレスをなくすには、親のストレスをなくす。それから社会のストレスをなくすということ。これが究極のこころの病の予防につながるのではないでしょうか。

おわりに

本書は、子育て中の人の育児の負担感を、少しでも減らすことができないだろうかという視点で書きました。

誰でも「いい親でありたい」と思われるでしょうが、息苦しさを感じたら肩の力を抜いてみませんか？　親御さんだけで悩んでいませんか？「育児は大変なもの」、「子どもは育てにくくて当たり前」。口に出して発言することは昔からはばかられてきましたが、それでも数十年前までは、直接周囲の人々の助けを得やすかったといえます。言い換えれば、地域社会、血縁者全体で子どもを育ててきたのでしょう。

しかし、生活も仕事内容も多様化し、さらに少子化が進み、周囲に頼れる人が少なくなってきました。一方で、ネットで多数の情報を得ることはできますが、どれが自分にとって必要な情報かどうかわからず、結果的に負担感が増しているのではないでしょうか？「保育園落ちた」など悲痛な声も聞かれるように、社会の力を借りるのも容易ではありません。

「子育ての支援策の充実を」などと声をあげたところで、すぐには解決策につながりません。今できることは何かないでしょうか？

ちょっとだけ発想を変えて、ありのままの自分を認めることができれば、同時に子どもを受け入れやすくなります。もちろん、長い間自身のことで悩んでいる方には、容易なことではないでしょう。それでも、本書の中にそのヒントを見出していただければと思います。

本書では多くの事例を紹介しています。私の外来に受診する皆さんから教科書や論文にもない多くの実情を学ばせていただきました。ただし、個人情報の保護のため、複数の事例を組み合わせた上で修正していますので、実際はフィクションとご理解ください。

最後になりましたが、青春出版社の深沢美恵子さんには、企画の段階から大変お世話になりました。この場を借りてお礼を申し上げます。

２０１９年３月　卒業のシーズンを迎えた青山キャンパスを眺めながら

―― 参考文献・資料 ――

・古荘純一『日本の子どもの自尊感情はなぜ低いのか』（光文社新書、2009年）
・古荘純一編著『子どもの精神保健テキスト』（診断と治療社、2015年）
・古荘純一『発達障害サポート入門：幼児から社会人まで』（教文館、2018年）
・古荘純一、磯崎祐介『教育虐待・教育ネグレクト　日本の教育システムと親が抱える問題』(光文社新書、2015年)
・厚生労働省　平成29年度の児童相談所での児童虐待相談対応件数（https://www.mhlw.go.jp/content/11901000/000348313.pdf）
・『十代の「うつ」とは？』（米国　Hourglass Productions, Inc.制作、日本語版：新宿スタジオ、日本語監修：古荘純一）
・衞藤隆「幼児健康度に関する継続的比較研究」平成22年度厚生労働科学研究費補助金成育疾患克服等次世代育成基盤研究事業総括・分冊研究報告書：31－40，2011.
・高橋和巳『子は親を救うために「心の病」になる』（ちくま文庫、2014年）
・佐々木正美『子どもの心の育てかた』（河出書房新社、2016年）
・西澤哲『子ども虐待』（講談社現代新書、2010年)
・村田豊久『子どものこころの不思議―児童精神科の診療室から』（慶應義塾大学出版会、2009年）
・杉森伸吉、小塩真司、古荘純一、伊藤美奈子、山崎勝之　日本教育心理学会　公開シンポジウム「本物の自尊心を育むために」（教育心理学年報、2018年）
・田中茂樹『子どもを信じること』（大隅書店、2011年）

青春新書
INTELLIGENCE

こころ涌き立つ「知」の冒険

いまを生きる

"青春新書"は昭和三一年に――若い日に常にあなたの心の友として、その糧となり実になる多様な知恵が、生きる指標として勇気と力になり、すぐに役立つ――をモットーに創刊された。

そして昭和三八年、新しい時代の気運の中で、新書"プレイブックス"にその役目のバトンを渡した。「人生を自由自在に活動《プレイ》する」のキャッチコピーのもと――すべてのうっ積を吹きとばし、自由闊達な活動力を培養し、勇気と自信を生み出す最も楽しいシリーズ――となった。

いまや、私たちはバブル経済崩壊後の混沌とした価値観のただ中にいる。その価値観は常に未曾有の変貌を見せ、社会は少子高齢化し、地球規模の環境問題等は解決の兆しを見せない。私たちはあらゆる不安と懐疑に対峙している。

本シリーズ"青春新書インテリジェンス"はまさに、この時代の欲求によってプレイブックスから分化・刊行された。それは即ち、「心の中に自らの青春の輝きを失わない旺盛な知力、活力への欲求」に他ならない。応えるべきキャッチコピーは「こころ涌き立つ"知"の冒険」である。

予測のつかない時代にあって、一人ひとりの足元を照らし出すシリーズでありたいと願う。青春出版社は本年創業五〇周年を迎えた。これはひとえに長年に亘る多くの読者の熱いご支持の賜物である。社員一同深く感謝し、より一層世の中に希望と勇気の明るい光を放つ書籍を出版すべく、鋭意志すものである。

平成一七年　　　　刊行者　小澤源太郎

著者紹介

古荘純一〈ふるしょう じゅんいち〉

小児科医、小児精神科医、医学博士。青山学院大学教育人間科学部教授。1984年昭和大学医学部卒業。昭和大学医学部小児科学教室講師、青山学院大学文学部教育学科助教授を経て、現在にいたる。日本小児精神神経学会常務理事、日本小児科学会用語委員長、日本発達障害連盟理事、日本知的障害福祉協会専門員などを務めながら、医療臨床現場では神経発達に問題のある子ども、不適応状態の子どもの診察を行っている。青山学院大学では、教育、心理、保育などで子どもにかかわる職種を目指す学生への指導を行っている。著書に『日本の子どもの自尊感情はなぜ低いのか』(光文社)、『発達障害サポート入門』(教文館)などがある。

「いい親《おや》」をやめるとラクになる　青春新書 INTELLIGENCE

2019年4月15日　第1刷

著者　古荘《ふるしょう》　純一《じゅんいち》

発行者　小澤源太郎

責任編集　株式会社プライム涌光

電話　編集部　03(3203)2850

発行所　東京都新宿区若松町12番1号 〒162-0056　株式会社青春出版社

電話　営業部　03(3207)1916　振替番号　00190-7-98602

印刷・中央精版印刷　製本・ナショナル製本

ISBN978-4-413-04567-4

こころ涌き立つ「知」の冒険！

青春新書 INTELLIGENCE

なぜか、やる気がそがれる問題な職場	見波利幸	PI·554
中学単語でここまで通じる！英会話〈ネイティブ流〉使い回しの100単語	デイビッド・セイン	PI·555
江戸の「水路」でたどる！水の都 東京の歴史散歩	中江克己	PI·556
政権を支えた仕事師たちの才覚 官房長官と幹事長	橋本五郎	PI·557
ジェフ・ベゾス 未来と手を組む言葉	武井一巳	PI·558
【最新版】「うつ」は食べ物が原因だった！	溝口 徹	PI·559
日本一相続を扱う行政書士が教える 子どもを幸せにする遺言書	倉敷昭久	PI·560
ネット断ち 毎日の「つながらない1時間」が知性を育む	齋藤 孝	PI·561
ドイツ人はなぜ、年290万円でも生活が「豊か」なのか	熊谷 徹	PI·562
人をつくる読書術	佐藤 優	PI·563
定年前後「これだけ」やればいい	郡山史郎	PI·564
理系で読み解く すごい日本史	竹村公太郎［監修］	PI·565
図解 うまくいっている会社の「儲け」の仕組み	株式会社タンクフル	PI·566
「いい親」をやめるとラクになる 子どもの自己肯定感を高めるヒント	古荘純一	PI·567

※以下続刊

お願い ページわりの関係からここでは一部の既刊本しか掲載してありません。